HEYNE

ANNA D. GARUDA ist Diplomastrologin und psychologische Beraterin. Seit über 15 Jahren begleitet sie in eigener Praxis Menschen auf ihrem Weg zu mehr Gesundheit, Wohlbefinden und Lebensfreude.

ANNA D. GARUDA

ASTRO*RELAX*

# Schütze

## Gesundheit für Körper, Geist und Seele

Wilhelm Heyne Verlag
München

HEYNE ASTROLOGIE
14/427

*Umwelthinweis:*
Dieses Buch wurde auf
chlor- und säurefreiem Papier gedruckt.

Alle Angaben in diesem Buch sind sorgfältig recherchiert. Für den Erfolg bzw. die Richtigkeit der Anwendungen in jedem Einzelfall können Autorin und Verlag keinerlei Gewähr übernehmen.

Originalausgabe 12/2001

http:/www.heyne.de
Printed in Germany 2001
Redaktion: Johann Lankes
Tierkreiszeichenillustration:
Konrad Dördelmann, Künstlergemeinschaft Hallbergmoos
Blumenillustration:
Tita Heydecker, Künstlergemeinschaft Hallbergmoos
Umschlagillustration:
ZEFA Visual Media/A. Inden
Umschlaggestaltung und Layout:
Eisele Grafik-Design, München
Herstellung:
H + G Lidl, München
Satz: Fotosatz Völkl, Puchheim
Druck und Bindung: Offizin Andersen Nexö Leipzig

ISBN 3-453-19972-3

Ein herzliches Dankeschön für die Unterstützung in allen medizinischen Fragen möchte ich Frau Dr. Aletta Georgii, Hautärztin und Akupunkteurin, München, Frau Dr. Monika Volz-Osenberg, Akupunktur und Chinesische Medizin, Wiesbaden, Frau Dr. Dorothea Fuckert, Waldbrunn, Frau Proeller von der Firma Soluna (Spagyrik), Herrn Richard Mayer-Sonnenburg, Heilpraktiker und Kinesiologe, Augsburg, und Herrn Dr. Andreas Müller, Leiter des Hyperbaren Sauerstoffzentrums in München, aussprechen.
Meine aufrichtige Anerkennung gilt auch dem Künstler Konrad Dördelmann, der mit viel Liebe zum Detail und zur Kunst die symbolträchtige Tierkreiszeichen-Serie erstellte. Ebenso gebührt mein Dank der Künstlerin Tita Heydecker, die ihre ausdrucksstarken Blumenbilder für die Tierkreisbücher zur Verfügung stellte. Die Zusammenarbeit mit so vielen engagierten Menschen ist mir stets eine wahre Herzensfreude!

# Der Schütze

## Persönlichkeit

*Der Schütze-Geborene geht immer offen und direkt auf jemanden zu.*

Schützen sind leicht zu finden, denn sie führen sich auf wie ein Hansdampf in allen Gassen. Bei den jungen Exemplaren dieses Zeichens fällt meist eine Locke hin und wieder in die Stirn – wie bei der Mähne eines Pferds. Platzt jemand auf einem Fest mit einer erschreckend offenen Bemerkung heraus, dann haben Sie es mit einem Schützen zu tun. Er trägt sein Herz auf der Zunge. Macht er dann alles noch schlimmer, weil er diese taktlose Bemerkung erklären möchte, so ist er selbst äußerst verwirrt, wenn sein Gegenüber zu einer Salzsäule erstarrt und sich zurückzieht. Er hat es doch nur gut und ehrlich gemeint! Schlägt hingegen ein Skorpion verbal zu, weiß er um die Folgen und spürt keine Reue. Der Schütze jedoch hat keinen blassen Schimmer, was er mit seiner Äußerung angerichtet hat.
Trotz allem besitzt der Schütze ein kluges Köpfchen und einige hohe Wertvorstellungen. Er ist voller Schwung, kann äußerst witzig sein, doch manchmal wirkt er etwas ruhelos. Ruhig zu sitzen, fällt ihm schwer, und wirklich zuzuhören auch.

### Typische Schütze-Berufe

*Schützen sind Strategen und organisatorisch begabt, und das sollten sie beruflich einsetzen. Viele Manager haben dieses Sternzeichen. Sie arbeiten auch gern in der Werbebranche oder als Jurist in der Wirtschaft, im Kirchen-, Wettbewerbs- oder Zivilrecht. In einem Reisebüro wären sie passend, als vortragender Dozent oder in einem repräsentativen Beruf. Sehr viele Schauspieler und Politiker sind unter diesem Tierkreiszeichen geboren. Man findet unter den Schützen auch viele Bankiers, Hoteliers sowie Missionare und Priester!*

Tiere liebt er aufrichtig. Schnelligkeit – im Sport, Beruf oder bei seinen Hobbys – ist ganz nach seinem Geschmack. Sein Herrscher ist *Jupiter*, und der liebt die Waghalsigkeit (manchmal auch bei finanziellen Glücksspielen). Als Lügner lässt der Schütze sich allerdings nicht bezeichnen – man würde ihn auch sehr schnell dabei erwischen –, da kann er ziemlich wütend werden und die Folgen seines Ausbruchs bedenkt er leider erst später.

*Ein Schütze ist immer in Aufbruchstimmung.*

Einen Schützen ohne Reiseutensilien gibt es kaum. Irgendein alter Koffer ist zum plötzlichen Aufbruch immer schnell griffbereit. Zu viel Enge verträgt er ebenso schlecht, wie länger krank im Bett zu liegen. Ein Schütze glaubt immer an das Morgen, das besser sein wird als das Gestern, obwohl das Heute auch ganz interessant ist. Normalerweise hat er ein gutes Gedächtnis, doch er sucht immer nach Gegenständen, die er verlegt hat. Wenn er lernt, mit seinen Pfeilen genau zu zielen, kann er allerdings auch einmal voll ins Schwarze treffen!

Lieben Sie einen *Schütze-Mann*? Dann haben Sie sich einen Wirbelwind eingefangen, mit dem Sie nicht längere Zeit ruhig Händchen halten können. Sein Optimismus grenzt manchmal an blindes Vertrauen. Er ist kein illusionistischer Träumer, doch seine Ziele hat er sich hoch gesteckt, und so hängt er mit seinem Kopf oft in den Wolken. Selbst wenn er einen schweren Absturz verkraften muss, hat er dank *Jupiter* oft Glück im letzten Moment. Deshalb kann er auch Liebesenttäuschungen relativ gut verarbeiten.

Verlogenheit mag er gar nicht, ansonsten kann man ihn für vieles begeistern. Er hat jede Menge Freunde oder Gönner und relativ wenig Feinde – außer es sind noch ein, zwei Planeten beim Nachbarn Skorpion platziert. Sie sollten lediglich darauf gefasst sein, dass Ihr bestes Stück manchmal sehr taktlos sein

## Wohin fährt der Schütze in Urlaub?

*Der echte Schütze liebt mehr oder weniger das Abenteuer im Urlaub. »In 80 Tagen um die Welt« wäre sein Motto, aber auch kleine Spritztouren braucht er dringend, denn nichts ist schlimmer, als immer zu Hause zu sitzen. Jede Form von Globetrotter-Urlaub passt gut zu ihm, denn er weiß und spürt um die Sehnsucht nach Weite. Fernreisen sind ideal für ihn: USA, Las Vegas, Broadway, Südsee oder die Karibik. Natürlich sollte er auch mal den Grand Canyon und die Niagarafälle sehen, denn er liebt den »Duft der großen Welt«. Einen Schütze-Aszendenten weisen die Städte Algier, Bern, Daressalam und Lagos auf; nach astrogeografischer Zuordnung passen auch das Elsass, die Schweiz oder Baden-Württemberg gut zum Schütze-Geborenen. Nach astrologischer Überlieferung gehören Australien, Arabien, Dalmatien, Ungarn, Spanien, die Toskana, die Provence, Madagaskar, Istrien, Unteritalien und die USA zur Schütze-Mentalität – bei den Städten sind es Avignon, Kalkutta, Köln, Narbonne, Nottingham, Peking, Toledo, Sheffield und Stuttgart.*

*Ein Globetrotter-Urlaub ist genau das Richtige für einen Schützen.*

kann und dass er Ihnen oft nicht so richtig zuhört, doch eigentlich inszeniert er dies selten aus Grausamkeit. Sein Pfadfinderlächeln ist der Beweis dafür.

Zumindest als junger Mensch war sein Liebesleben sicherlich recht oberflächlich. Er flirtet gern, doch er sehnt sich nicht nur nach körperlicher Liebe, sondern er braucht Abwechslung und vor allem geistige Anregung durch eine Frau. Können Sie ihm das bieten, dann zielt sein Pfeil direkt in Ihr Herz!

Lieben Sie eine *Schütze-Frau*? Na, dann sollten Sie eine Portion bisweilen schmerzhafter Ehrlichkeit vertragen können. Sie erzählt Ihnen sogar ihre nächtlichen Träume von anderen Männern. Machen Sie Reisepläne mit ihr, dann haben Sie schon bei ihr einen Stein im Brett. Wollten Sie ein schüchternes Mädchen? Dann sitzen Sie im falschen Zug, mein Lieber!

Ein kleiner Test gefällig? Bezichtigen Sie Ihre Liebste der Lüge, dann werden Sie erleben, zu welchen Wutanfällen sie fähig ist.
Überprüfen Sie noch vor der Hochzeit ihren Aszendenten. Wenn er Jungfrau oder Steinbock ist, dann dürfen Sie ihr das Scheckbuch überlassen. Verlangen Sie nicht von ihr, dass sie ihren geliebten Beruf aufgibt. Ihre Partnerin braucht Publikum und viele Menschen. Sie allein decken den Bedarf niemals ab. Legen Sie Wert auf gutes Essen? Na, dann sollte Ihre Auserwählte einen Stier- oder Krebs-Aszendenten haben, oder aber Sie müssen selbst kochen.

*Die Schütze-Frau braucht viele Menschen um sich herum.*

Dieses quirlige Wesen wird Ihren Alltag sicherlich beleben. Man weiß heute nicht, was ihr morgen schon wieder in den Sinn kommt. Halten Sie Ihre Verwandtschaft etwas auf Abstand. Allzu regelmäßige Treffen wird Ihre Liebste ganz offen kommentieren und die Verwandten werden darauf beleidigt reagieren. Sie sagt so unschuldig und taktlos, was sie denkt, dass sie zwangsläufig anderen damit auf die Füße tritt. Andererseits kann sie die steifste Gesellschaft im Nu auftauen. Bei Ihnen hat sie es ja schon längst geschafft. Und seien Sie beruhigt: Ihre Schütze-Frau liebt nur Sie und nicht all die anderen, mit denen sie ihre Zeit verbringt!

Künstler: Konrad Dördelmann, Hallbergmoos
Dieses Tierkreiszeichen-Bild entstand als Ätzradierung in limitierter Auflage im Format 20 x 15 cm. Das Original ist handkoloriert.

Diese Abbildung stammt aus einer Reihe von zwölf Tierkreiszeichen-Bildern, die auf dem Prinzip »Wie oben, so unten« basieren. Sie lehnen sich an das so genannte »senkrechte Weltbild« an, wobei sich die den Urprinzipien zugeschriebenen Kräfte in wesensverwandten Ausdrucks- und Gestaltungsformen auf allen möglichen Ebenen der Naturerscheinungen äußern.

Im Zeichen des Schützen wandelt sich das eigene Ich zu etwas ganz Neuem, zum Ideal eines neuen Menschenbildes. Der Schütze ist ein Idealist, der mit seinen Pfeilen ein erhabenes Ziel anvisiert. Er taucht unter in der Welt seiner Ideen und will hoch hinaus mit seinen Idealen. Hier erscheinen die ersten Früchte der Bewusstwerdung durch Synthese. Das Instinktmäßige wird hier auf logische Art mit dem Geistigen verbunden und wird zu dessen Fahrzeug/Reitpferd (Centaur). Die Liebe des Schützen zur Natur, besonders zu Tieren (Pferden), ist kennzeichnend. Er vermittelt Milde, das Schenken und Spenden ist ihm zugeordnet. Die Entsprechung in der germanischen Göttersymbolik ist *Odin* oder *Wodan*, der Altvater und das unbestrittene Oberhaupt der zwölf Asen. Alles Heil, Glück und Gedeihen geht von ihm aus. Er ist nicht nur Ordner, sondern Gott der Weisheit und der Dichtkunst. Das Füllhorn (Reichtum und Fülle) ist eines seiner Symbole.

*Schützen sind idealistisch und lieben die Natur.*

Konrad Dördelmann

# Steckbrief Schütze

| | |
|---|---|
| **Jahreszeit:** | Spätherbst (23. November bis 20. Dezember) |
| **Element:** | Feuer (das dritte Zeichen im Feuerelement) |
| **Geschlecht:** | männlich – positiv – Yang |
| **Herrscher:** | Jupiter (das entwickelnde Urprinzip) |
| **Pflanzen:** | Bäume, Kastanie, Mais, Königskerze, Gladiole, Löwenzahn |
| **Tiere:** | eher gutmütige, wuchtige Tiere wie Delfin, Elefant, Schwan, Pferde |
| **Organe:** | Oberschenkelknochen, Hüften |
| **Lebensphase:** | vom 35. bis zum vollendeten 41. Lebensjahr |
| **Kabbala:** | Jupiter gehört der 4. Sephiroth (Chesed) an auf der rechten, aktiven Säule der Gnade und Barmherzigkeit. |

# Prominente Schütze-Geborene

| | |
|---|---|
| 23.11. | Franco Nero |
| 24.11. | Henri Toulouse-Lautrec |
| 25.11. | Christina Applegate |
| 26.11. | Matthias Reim, Tina Turner |
| 27.11. | Alexander Dubcek, Jimi Hendrix, Bruce Lee, Jill Sander |
| 28.11. | Randy Newman |
| 29.11. | Ludwig Anzengruber |
| 30.11. | Winston Churchill, Theodor Mommsen, Mark Twain |
| 01.12. | Woody Allen, Bette Midler, Charlene Tilton |
| 02.12. | Lucy Liu, Rudolf Scharping, Monica Seles, Ulrich Wickert |
| 03.12. | Ozzy Osbourne, Alice Schwarzer, Nick Wilder, Katharina Witt |
| 04.12. | Jeff Bridges, Horst Buchholz, Maria Callas, Francisco Franco, Anke Huber, Maite Kelly, Rainer Maria Rilke |
| 05.12. | Johannes Heesters, Walt Disney, Little Richard |
| 06.12. | Peter Handke |
| 08.12. | Kim Basinger, Sammy Davis jr., Marius Müller-Westernhagen, Sinéad O'Connor, Maximilian Schell, Martin Semmelrogge |
| 09.12. | Kirk Douglas, John Malkovich, Angelika Milster |
| 10.12. | Anna Alicia, Jennifer Nitsch |
| 11.12. | Thorwald Dethlefsen, Robert Koch, Christina Onassis, Osho |
| 12.12. | Gustave Flaubert, Connie Francis, Renate Schmidt, Frank Sinatra, Dionne Warwick |
| 13.12. | Heinrich Heine, Heino, Curd Jürgens, Werner von Siemens |
| 14.12. | Jane Birkin, Erich Ponto |
| 15.12. | Friedensreich Hundertwasser, Don Johnson, Helen Slater |
| 16.12. | Liv Ullmann |
| 17.12. | Ludwig van Beethoven |
| 18.12. | Willy Brandt, Brad Pitt, Keith Richards, Steven Spielberg |
| 19.12. | Rudi Carrell, John Milton, Edith Piaf, Till Schweiger, Alberto Tomba |
| 20.12. | Bo Derek, Uri Geller, Joey Kelly, Beatrice Richter |
| 21.12. | Chris Evert, Jane Fonda, Reinhard May, Josef Stalin, Kiefer Sutherland, Kurt Waldheim, Frank Zappa |

# Lebenswünsche des Schützen

**Positiv:** Der typische Schütze möchte sich im Leben weiterentwickeln. Er braucht entweder seelische oder geistige Expansionsmöglichkeiten. Er will den Sinn des Lebens finden. Dank dieser Grundimpulse entwickelt er dann sehr viel Großzügigkeit, Güte, Humor, Optimismus und besitzt zudem ein gutes Organisationstalent, eine Menge Toleranz und starkes Vertrauen (in sich selbst, an den guten Ausgang einer Sache, an den Erfolg eines Unternehmens und vieles mehr).

**Negativ:** Ein Zuviel der Schütze-Energie kann ihn zum hohlen Hochstapler ohne Substanz werden lassen. Um dieses innere Manko zu überspielen, wird er arrogant, großspurig und pathetisch, er überschätzt sich selbst und übertreibt in einigen Lebensbereichen. Dann kann er nicht genug von allem haben (isst zu viel, trinkt zu viel, spielt oder häuft Besitz nur noch als Statussymbol an).

# Gesundheitstipps für Körper, Geist und Seele

»Es ist wichtig, den Körper mit der Seele
und die Seele durch den Körper zu heilen!«

OSCAR WILDE

Sie sehen anhand der kleinen Charakterisierung des Schütze-Menschen im vorangegangenen Kapitel und der im Anhang folgenden Aszendentenbeschreibung einen kleinen Ausschnitt des breiten Spektrums der Astrologie. Man könnte ein ganzes Buch nur über einen Menschen und dessen Geburtshoroskop füllen!

*Nutzen Sie die Astrologie, um mehr über sich zu erfahren.*

So ist die Astrologie für mich auch nach 20 Jahren Praxis ein immer wieder spannendes und sehr intellektuelles Hilfsmittel, um Körper, Geist und Seele eines Menschen besser ergründen zu können. Durch die Anregungen der Astrologie kann man seine Persönlichkeit zur vollen Blüte entfalten und fröhlich zum Ausdruck bringen. Dieses Wissen gibt aber auch den Anstoß zu vermehrtem Verständnis und zu mehr Toleranz für unsere Mitmenschen und für uns selbst.

In den zwölf Tierkreiszeichen-Büchern dieser Reihe habe ich alles zusammengetragen, was Sie wissen müssen, damit Sie sich wohl fühlen – egal ob Ihre *Sonne* in diesem Tierkreiszeichen steht oder Ihr Aszendent sich darin befindet. Mithilfe der Tabelle auf Seite 121 ff. können Sie Ihren Aszendenten (falls Sie ihn noch nicht wissen) leicht selbst herausfinden. Die nachfolgenden Empfehlungen wirken sich sowohl auf Ihr *Sonnen*-Zeichen als auch auf Ihren Aszendenten sehr positiv aus, denn zum Wohlfühlen sind beide Punkte sehr wichtig.

Auf den nachfolgenden Seiten finden Sie eine Menge Tipps und alternative Therapien, auf die Sie nach meiner langjährigen Erfahrung dank Ihres persönlichen Tierkreiszeichens sehr gut ansprechen werden. Doch auch Menschen, die ein oder zwei Planeten im neunten Haus des Geburtshoroskops oder im Schütze platziert haben, reagieren positiv auf die genannten Therapien. Ähnliches gilt auch, wenn auffällige Aspekte des *Jupiter* vorhanden sind.

Noch ein weiterer Tipp für Fortgeschrittene: Schauen Sie in Ihrem Geburtshoroskop nach, welches Tierkreiszeichen das *achte* Haus belegt. Dieses Haus im Geburtshoroskop weist ebenfalls darauf hin, wo wir in alten Sippenmustern gefangen sind, wo wir schwer loslassen können und wo wir therapeutisch (Pluto) am besten ansetzen können. Das Tierkreiszeichen, das im achten Haus steht, zeigt darüber hinaus die für Sie wirksamsten Therapieformen auf.

*Stärken Sie sich mit den Gesundheitstipps, dann haben Sie mehr Lebensenergie.*

*Fazit:* Wer seine *Sonne*, seinen *Aszendenten* oder seine *Planeten* im Schütze mit den angebotenen Therapien stärkt, hat wesentlich mehr Energien fürs Leben zur Verfügung. Und daraus folgt: Damit steigt auch die Lebensfreude. Die gesellschaftliche Struktur in den westlichen Industrienationen zwingt uns fast unbemerkt, auf Kosten der Gesundheit dem Geld nachzujagen. Danach sind wir gezwungen – weil uns diese Lebensform krank gemacht hat –, mit unserem Geld der Gesundheit nachzujagen.

Nach dem Studium Ihres Wohlfühlbuches für Ihr Tierkreiszeichen und für Ihren Aszendenten wissen Sie, wie Sie sich seelisch, geistig und körperlich gesund erhalten können. Aus dem reichhaltigen Angebot der Tipps ist ganz sicher auch für Sie etwas dabei. Ein besonderer Service steht auf den letzten Seiten dieses Buches: Kontaktadressen und Literaturempfehlungen für die angebotenen Therapien.

Ich wünsche Ihnen viel Freude auf dieser spannenden Reise, einige wertvolle Erkenntnisse und viele hilfreiche Ansätze für eine bewusstere und positivere Lebensgestaltung!

# Schütze: Astrologische Zuordnungen

**Schütze:** 23. November bis 21. Dezember
**Element:** Feuer
**Herrscher:** Jupiter
**Primär:** Hüfte, Lendenbereich, Muskelsystem, Oberschenkel
**Sekundär:** Arme, Schultern, Verdauungsorgane

*Verdrängen Sie weder Beweglichkeit noch Expansion. Reisen Sie viel.*

*Schütze-Anfälligkeiten:* Allergien, Arteriosklerose, Asthma, schlechtes Blut, Diabetes, Gehstörungen, Gicht, Heuschnupfen, Hüftbeschwerden, Ischias, Krampfadern, Lähmungen, Lebererkrankungen, Nervenleiden, Oberschenkelprobleme, Rheuma, Rückenschmerzen, Schwellungen, gutartige Tumoren und Zysten.
*Jupiter* = Symbol für Ernährungsfunktionen, Fettleibigkeit, Flüssigkeitsansammlung, Galle, Glykogenhaushalt, Leber und Lunge.
*Jupiter-Krankheiten:* Diabetes, Hämorrhoiden, Leber- und Galleerkrankungen, Neigung zu Schlaganfall, Selbstvergiftung durch falsche Ernährung oder durch zu viel Alkohol.
*Diagnose:* Probleme mit Oberschenkeln, Hüften und der Leber (Jupiter) zeigen beispielsweise Projektion, Verdrängung oder Überidentifizierung mit den Lebensbereichen der Expansion, der Beweglichkeit, der Motorik, mit dem Lebensraum, mit Reisen, Einsicht, Geist, Bewusstheit oder mit Optimismus und Ideologien auf.
Im Geburtshoroskop des Betroffenen und meist ausgelöst durch Transite findet man oft schwierige Aspekte des *Jupiter* (Planeten im Zeichen Schütze oder im neunten Haus).
*Günstige Therapien:* Akupressur, Akupunktur, Amulette, Aro-

matherapie, Ayurveda, Bach-Blüten-Therapie, Bewegung und Sport, Biochemie, Diät, Düfte, Elektroakupunktur, energiebezogene Therapien, Farbtherapie, Fieber als Therapie, Frischzellentherapie, Heilsteine, Homöopathie, Laserakupunktur, Moxibustion, Orthomolekulare Therapie, Oxithermie, Power-Armbänder, Reisen als Therapie, Rolfing, Sauerstofftherapie, Shiatsu, Tai-Chi, Qi Gong, tibetische Heilkunst, Traumdeutung, Vitalsonne und Wasser mit heilender Wirkung.

*Für einen Schützen ist es wichtig, den tieferen Sinn im Leben zu erkennen.*

Ist eine Schütze-Betonung im Geburtshoroskop ersichtlich, kann man – geistig gesehen – mit dem eigenen Zweifel therapeutisch arbeiten. Wichtig ist, am Ende des Weges den tieferen Sinn des eigenen Lebens erkannt zu haben. Hilfreich ist auch die Einsicht, dass jeder seine eigene Wahrheit besitzt. Jedes zwanghaft propagierte Weltbild sollte durch eigene und individuelle Lebensperspektiven ersetzt werden. Zusätzlich sind die oben genannten alternativen Therapien hilfreich, um Körper, Geist und Seele gesunden zu lassen!

Tipp für Menschen in Lebenskrisen: Das Netz, Hasenrain 65, CH-4102 Binningen, Tel.: 00 41/61/3 83 97 22

Suchen Sie sich aus den nachfolgenden Tipps die am besten für Sie geeigneten heraus!

# Akupressur

Wenn ein Schütze körperliche Probleme hat, dann liegt das meist an einem gestörten Energiefluss zwischen Kopf und Körper. Hier kann die Akupressur-Massage auf angenehme Weise die Energie wieder zum Fließen bringen.

*Mit Akupressur können körperliche Beschwerden verbessert werden.*

»Punktedrücken« ist die wortgetreue Übersetzung des Begriffs Akupressur (lateinisch acus = Punkt, Nadel; pressus = Druck). Akupunktur und Akupressur werden an vielen Universitäten der Welt gelehrt. Grundlage bei beiden Therapien sind die Meridiane, die Energieleitbahnen, in denen das *Qi*, die vitale Lebensenergie, im Menschen zirkuliert. Vor allem die Chinesen entdeckten vor einigen tausend Jahren, dass an gewissen Körperpunkten Störungen beseitigt oder gelindert werden können. Durch Massage dieser Punkte tritt dann die körperliche Verbesserung ein.

Die Massage eines Punktes sollte etwa 30 bis 60 Sekunden dauern. Normalerweise kann man mehrmals täglich einige Punkte nacheinander behandeln. Wichtige Punkte in der Akupressur sind Dickdarm, Dünndarm, Lunge, Kreislaufsexus, Magen, Galle, Herz, Milz-Pankreas und Dreifacher Erwärmer. *Nicht durchgeführt* werden sollte Akupressur bei akuten Entzündungen, bei Herzerkrankungen oder im Bereich von Krampfadern.

Die sanfte Behandlung der Akupressur ersetzt keinesfalls die Akupunktur, sondern ermöglicht es, einige Beschwerden selbst zu lindern. Hier ein paar Übungen zum Ausprobieren.

**Ängste**

Hier regt man den Anregungspunkt für Psyche und Herz an, der neben dem ringfingerseitigen Nagelfalzwinkel des Kleinfingers zu finden ist, und massiert diesen Punkt von innen nach außen. Zusätzlich kann noch der Energiepunkt *chin-wei* am unteren Ende der Brustbeinspitze von unten nach oben massiert werden. Auch der Punkt nahe am Ansatz des Ohrläppchens ist am rechten Ohr nach oben hin zu massieren, am linken Ohr nach unten hin.

**Energiemangel**

Zwei Querfinger unterhalb des Zeigefingergrundgelenks (unter dem Handballen) findet man den Punkt *ho-ku.* Dieser Punkt wird in Richtung Ellenbogen massiert, vor allem bei Erschöpfung durch Überanstrengung. Den Punkt für »göttliche Gleichmut« finden Sie, wenn Sie Ihre Handinnenfläche gerade auf Ihre Kniescheibe legen.

*Versuchen Sie es doch einmal mit Akupressur, bevor Sie zur Kopfschmerztablette greifen.*

Die Spitze Ihres Mittelfingers erreicht dann das Schienbein und der Punkt unterhalb Ihrer Ringfingerspitze wird nach unten hin massiert.

**Kopfschmerzen**

Die bei vielen Menschen so verbreiteten Kopfschmerzen rühren meist vom Stress her. Bei hartnäckigen oder schweren Kopfschmerzen sollten Sie natürlich erst den Arzt aufsuchen und nach den Ursachen forschen lassen. Doch bevor Sie das nächste Mal zur Kopfschmerztablette greifen, können Sie ja auch einmal die folgende Übung ausprobieren:

Legen Sie die Spitzen Ihrer Zeigefinger auf die Nasenwurzel neben den inneren Augenwinkeln, sodass die Fingerrücken zu Ihren Augen zeigen. Drücken Sie nun auf die Nasenwurzel und etwas nach oben in Richtung Stirn. Alles in allem etwa 10 bis 15 Sekunden lang. Dabei sollten Sie keine Schmerzen verspüren, sondern lediglich ein Druckgefühl.

Kontaktadressen und Buchempfehlungen finden Sie im Anhang unter »Akupressur« oder »Akupunktur«.

## Akupunktur

*Akupunktur wirkt auf Körper, Geist und Seele.*

Warum ist die Akupunktur bei Schütze-Menschen so wirksam? Weil das Stechen der Nadel eine »feurige Handlung« und der Schütze ein Feuerzeichen ist. Akupunkturbehandlungen wirken in erster Linie auf den Körper, in zweiter Linie auf Geist und Seele. In Europa wurde die Akupunktur, das Stechen mit Nadeln zu therapeutischen Zwecken, erstmals 1657 bekannt. Einen eingehenden Bericht über diese Behandlungsmethode verfasste 1683 Dr. Wilhelm Ten Rhyne, der als Arzt bei der Ostindischen Handelskompanie tätig war. 1824 erschien die erste deutschsprachige Veröffentlichung über Akupunktur. Das älteste medizinische Werk, der »Innere Klassiker des Gelben Fürsten«, das zwischen dem 2. Jahrhundert v. Chr. und dem 2. Jahrhundert n. Chr. zusammengestellt wurde, bettet dieses Therapieverfahren erstmals in die gesamte chinesische Medizin ein. Diese chinesische Medizin beschreibt seit einigen tausend Jahren den Menschen als Teil eines kosmischen energetischen Wirkgefüges.

Der Mensch ist ein Abbild natürlicher Harmonie zwischen Himmel und Erde, zwischen den Polen *Yin* (weibliche Energie) und *Yang* (männliche Energie). Ein chinesischer Arzt interessiert sich für alle den Menschen betreffenden energetischen Phänomene, für alle aktiven und passiven Lebensäußerungen: für Bedürfnisse (z. B. Schlaf-wach-Rhythmus, besondere Vorlieben für bestimmte Nahrungsmittel), für Emotionen und vitale Körperfunktionen, weil sie eventuelle Disharmonien des energetischen Gesamtgefüges des menschlichen Individuums anzeigen können. Die Traditionelle Chinesische Medizin (TCM) versteht den Menschen als ein energetisches Gefüge. Das energetische Potenzial (Lebensenergie), *Qi* genannt, fließt nach den Erfahrungen der alten Ärzte in zyklischer Abfolge auf definierten Leitbahnen von der Körpermitte zu den Enden der Extremitäten und wieder zurück.

Im Westen ist aus der chinesischen Medizin die Akupunktur zuerst bekannt geworden. Diese Therapie zielt auf die Harmonisierung der Energien des Menschen. Im Laufe der Jahrtausende sind deren Erkenntnisse nach und nach in das Gesamtsystem der chinesischen Medizin eingebettet worden und haben aufgrund einer unendlich breiten und langen klinischen Erfahrung eine ausgereifte therapeutische Stabilität gewonnen.

*Durch Akupunktur werden die Energien in Harmonie gebracht.*

Nach Vorstellung der TCM beeinflussen sich alle körperlichen und psychischen Vorgänge gegenseitig. Gesundheit ist nur möglich, wenn die Lebensenergie (Qi) ausgewogen vorhanden ist. Krankheit ist immer Ausdruck einer Behinderung des Energieflusses, die durch unterschiedliche Faktoren verursacht wird: Hitze, Kälte, Wind, Trockenheit, Feuchtigkeit, Freude, Angst, Zorn, Trauer, Sorgen, Erbkrankheiten, ungesunde Lebensweise, Drogen, Alkohol oder Traumata.

Die chinesische Medizin kennt zwölf Hauptmeridiane und acht Sondermeridiane. Die Yin-Meridiane verlaufen an der Innenseite des Körpers; die Yang-Meridiane auf der Außenseite. In diesen Meridianen bewegt sich das *Qi*, die Lebensenergie.

Je nach Krankheitsbild oder energetischer Blockade setzt der Akupunkteur ganz gezielt sehr dünne Nadeln an ausgewählten Punkten ein, um das in der Anamnese festgestellte Ungleichgewicht wieder herzustellen. Normalerweise werden bis zu 15 Nadeln verwendet, die ca. 20 bis 30 Minuten an den entsprechenden Körperstellen verbleiben.

Aus westlich-schulmedizinischer Sicht beschreibt Prof. Dr. Claus C. Schnorrenberger die Wirkung des Stichreizes bei der Akupunktur wie folgt:

1. Durch Einstich der Nadel werden örtlich nervale Rezeptoren angesprochen,
2. der empfangene Reiz läuft zentralwärts über das Rückenmark zum Gehirn,
3. nach Eintreffen der Erregung »feuern« verschiedene Neuronen (Nervenzellen) elektrische Impulse in die Gehirnabschnitte bis hinauf in die Hirnrinde und
4. die nervösen – elektrischen – Signale werden in chemische Botschaften umgesetzt.

*Akupunktur stärkt das Immunsystem.*

Die Traditionelle Chinesische Medizin erklärt die Wirkung der Akupunktur nur über eine Harmonisierung des energetischen Flusses:

1. durch Stützung bestimmter Energien und durch
2. Ausleitung von so genannten Schrägläufigkeiten (Ursachen der pathologischen Symptome).

Die Akupunktur wirkt auf das zentrale und periphere Nervensystem, auf »Körpersäfte« und Hormone. Sie beeinflusst die Blutzirkulation und stärkt das Immunsystem. Durch die Akupunkturnadeln werden aber auch Nervenzellen stimuliert und dadurch Impulse an das Rückenmark weitergeleitet. Studien weisen außerdem eine Verbesserung der Durchblutung und eine Herabsetzung des Muskel- und Bindegewebetonus nach. Die Weltgesundheitsorganisation (WHO) empfiehlt eine Akupunkturbehandlung vor allem bei neurologischen, orthopädischen Erkrankungen (Ischialgien, Neuralgien, Migräne, Kopfschmerz), bei Krankheiten der Verdauungsorgane (Gastritis, Obstipation), bei akuten oder chronischen Atemwegserkrankungen (Sinusitis, Bronchitis, Asthma), bei rheumatischen Erkrankungen, Augenkrankheiten, bei gynäkologischen Erkrankungen, Hautkrankheiten und Allergien. Sogar bei Operationen kann man durch Akupunktur Narkosemittel einsparen, aber auch in der Schmerztherapie ist Akupunktur sehr erfolgreich anwendbar.

Die klassische Akupunktur wird auch oft mit anderen Therapieverfahren kombiniert: Moxibustion, Chinesische Kräutermedizin (natürliche Arzneimittel pflanzlichen, tierischen und mineralischen Ursprungs; die Rezeptur wird in der Regel als Abkochung verordnet), Tuina- und An-Mo-Massage, Qi Gong und Tai-Chi.

*Akupunktur hat sich in der Schmerztherapie sehr bewährt.*

Für die Diagnostik verwendet ein chinesischer Arzt auch die Pulsdiagnose. Sie hat aber auch in anderen fernöstlichen Medizinkulturen, z. B. beim Ayurveda und in der tibetischen Medizin, große Bedeutung. Der Puls wird immer am Handgelenk beider Arme jeweils an drei Stellen oberflächlich und tief getestet. Stärke und Art der Pulswellen sind wichtig für die Diagnose. Diese zwölf Pulsstellen werden verschiedenen Meridianen zugeordnet und geben Auskunft über den Zustand der damit verbundenen Organe. Die chinesische Medizin unterscheidet 28 pathologische Pulse, und das erfordert viel Erfahrung vonseiten des Therapeuten, um die feinen Unterschiede erkennen zu können. Die Pulsdiagnose kann auch noch mit der Zungendiagnose kombiniert werden.

In vielen Fällen bewilligt die Krankenkasse eine Heilbehandlung mit Akupunktur oder zahlt einen Teil der anfallenden Kosten. Viele Literaturempfehlungen und Kontaktadressen über Akupunktur finden Sie im Anhang.

# Amulette und Talismane

*Talismane geben Kraft und bringen Glück.*

Amulette und Talismane sind Begleiter der Menschheit seit Anfang der Geschichte. Zusätzlich zu historischen Fakten besteht die Hypothese, dass Amulette und Talismane durch ihre Form über eine starke Kraft verfügen, was von zeitgenössischen Bioenergietherapeuten immer wieder bestätigt wird. *Agla,* ein Talisman, der ein gutes Schicksal und viel Glück bringt, passt sehr gut zu den Feuerzeichen und daher auch zum Schütze-Geborenen. Dieser Talisman hat große Schutzkraft und kann böse Geister verjagen. Das Wort Agla ist eine Abkürzung einer Redewendung, »Ate gebir leiham adonai«, das bedeutet: »Herr, du bist für ewig allmächtig.« Die Verbindung des Symbols Agla mit dem Salomontalisman hat besonders starke, Glück bringende Kraft. Das Besitzen der Zeichen macht das Leben glücklich, wohlhabend und leicht unter einer Voraussetzung, dass man an den Spielen teilnimmt, in denen der Gewinner das Schicksal bestimmt. Dieser Talisman ist besonders für Sie als Feuerzeichen geeignet!

# Aromatherapie

Ätherische Öle werden in der menschlichen Nase von über 100 Millionen Riechzellen aufgenommen und lösen Nervenimpulse aus. Unser Riechzentrum liegt im Bereich des limbischen Systems (Hippocampus), der Zentralstelle des endokrinen, vegetativen und psychischen Regulationssystems. Dieses System steuert sowohl Reize von innen als auch von außen, so z. B. unser emotionales Verhalten, unsere Gefühle und unser Gedächtnis. Das limbische System regelt darüber hinaus die Atmung und die Herztätigkeit, den Hormonhaushalt, die Kreativität und den Lebenswillen.

*Ätherische Öle werden aus Pflanzen gewonnen.*

Die ätherischen Öle gewinnt man vorwiegend durch Wasserdampfdestillation, aber auch durch Extraktion, durch Enfleurage (bei Jasmin- und Rosenblüten) oder durch Pressung (z. B. bei Orangen-, Mandarinen-, Zitronen- und Grapefruitöl), doch bei allen Methoden empfiehlt sich besonders das 100-prozentige echte und natürliche Aromaöl, das in der Wirkung jeder chemischen Substanz vorzuziehen ist.

Ätherische Öle sind hochkarätige Konzentrationen pflanzlicher Wirkstoffe und sollten deshalb sparsam verwendet werden. In der *Duftlampe* gibt man einige Tropfen der Essenz in die mit Wasser gefüllte Schale und entzündet die darunter befindliche Kerze. Bei der *Inhalation* nach der alten Schüssel-Tuch-Methode träufelt man einige Tropfen in das heiße Wasser und aktiviert die Wirkung der Aromaöle über die Atemwege. Aber auch eine mit ätherischen Ölen getränkte *Kompresse* kann direkt auf die erkrankte Körperstelle aufgelegt werden. Zudem empfiehlt sich eine Massage oder die Zugabe der Essenzen in *Bäder*. Natürlich können Sie auch einige Tropfen eines Aromaöls in den letzten Spülgang der Waschmaschine geben!

Die körperlichen Schwachstellen eines Schütze-Menschen sind die Leber, die Muskeln, die Hüfte, das Becken, die Oberschenkel, das Steiß- und Kreuzbein und der Ischiasnerv. Er tendiert daher zu Ischiasbeschwerden, zu Rheuma, Gicht, Becken- und Oberschenkelhalsbrüchen, zu Spasmen, Krämpfen, Rückenschmerzen, Wucherungen, Tumoren und Lebererkrankungen. Der unterdrückte Schütze bekommt darüber hinaus noch Erkrankungen der Atemwege durch sein »Gegenüber« Zwillinge zu spüren.

*Der Duft der Bergamotte hilft dem Schützen, sich zu entspannen.*

*Bergamotte* wirkt als Duft stimmungserhellend, ist krampflösend, entspannend und auch schmerzlindernd. Der leicht süßliche, zitronenartige Duft dringt sehr anregend in die Seele ein und befreit aus tiefen nervösen Anspannungen, Ängsten und Depressionen. Äußerlich lässt sich das Öl auch bei Hautproblemen wie Akne oder Ekzemen verwenden. Bitte nur stark verdünnt auf die Haut auftragen und Sonnenbaden meiden! Als Badezusatz oder abends in die Duftlampe gemischt, wirkt Bergamotte am besten. So hat es auch antiseptische und Insekten abweisende Wirkung.

*Rosmarin* aktiviert das innere Feuer eines unterdrückten Schütze-Menschen und hilft auch bei Rheuma und Gicht. Dieser belebend-frische Duft regt die körperlichen und geistigen Kräfte an, erhöht die Konzentrationsfähigkeit, das logische Denkvermögen und die geistige Vitalität. Rosmarin reguliert und stabilisiert aber auch den Kreislauf und das Nervensystem. Als Badezusatz oder in der Duftlampe öffnet er die Poren und ermöglicht dadurch eine gründlichere Reinigung und Entschlackung des Gewebes. Rosmarin im Bad hilft auch bei rheumatischen Muskelschmerzen und wehrt zudem Motten (einige Tropfen in den letzten Spülgang der Waschmaschine geben) und Insekten ab. Buchtipps, Kontaktadressen und Bezugsquellen (z. B. die Firma Methusalem) finden Sie im Anhang.

# Aufladen der eigenen Grundenergie

Jeder Mensch muss sein Energiefeld »nähren«. Wenn wir dies vernachlässigen und die Grundenergie unseres Sonnenzeichens und des Aszendenten nicht wieder aufladen, fühlen wir uns bald erschöpft, irritiert und werden anfällig für physische und psychische Störungen. Das Element unseres Sonnenzeichens (und des Aszendenten) ist sozusagen der »Brennstoff«, mit dem wir durch unser Leben fahren. Er ist die Quelle unserer grundlegenden Vitalität, die Tankstelle unserer Kraft, die unsere Lebensenergie immer wieder erneuern kann.

*Laden Sie regelmäßig Ihr Energiefeld auf, sonst fühlen Sie sich schnell kraftlos.*

Ihr Sonnenzeichen (Schütze) sowie Ihr Aszendent geben Aufschluss über wichtige Grundenergien, die in Ihnen herrschen. Als *Feuerzeichen* brauchen Sie »feurige« oder inspirierende Aktivitäten, um gesund und glücklich zu bleiben. Sie suchen nach positiven Erfahrungen durch Handlungen. Als Schütze-Geborener benötigen Sie deshalb Begegnungen mit anderen »feurigen« Menschen – oder alternativ inspirierende Ziele und Vorhaben sowie eine physisch beanspruchende Arbeit. Als Feuerzeichen beziehen Sie Ihre Energien vor allem von der *Sonne* und von *körperlicher Aktivität.*

Wer zu wenig Feuer hat, dessen Verdauung ist schwach. Diesen Menschen fehlt es dann oft an Lebensfreude und sie können keinen Optimismus entwickeln. Auch das Selbstvertrauen wird geschwächt und Mutlosigkeit macht sich breit. Ein Mangel an Feuer kann nur durch anstrengende körperliche Betätigung stimuliert werden. Positiv sind die vorhandenen Feuerenergien am meisten vorhanden bei selbst motivierten Draufgängern, die häufig sehr erfolgreich neue Unternehmungen, Projekte und idealistische Vorhaben beginnen und vorantreiben. Diese Menschen besitzen eine Menge Energie, Einsatzkraft und Mut!

Die *Feuergeister* sind übrigens die *Salamander*: Sie können hauptsächlich durch heitere Gelassenheit kontrolliert werden. Feuerzeichen können ihre oft extremen Energieausbrüche zügeln, indem sie bewusst einen ruhigen, gelassenen Zustand des Einverstandenseins kultivieren. Wenn Sie als Feuerzeichen diese Kunst der ruhigen Annahme des Lebens im Hier und Jetzt lernen, dann könnten Sie eine Menge Stress und Energieverschwendung vermeiden – und gewinnen enorm in Ihrer Ausstrahlung auf andere!

*Als Feuerzeichen sind Sie beispielhaft in Ihrem Glauben an sich selbst.*

# Ayurveda

Ayurveda ist die älteste Lehre der Menschheit von Gesundheit, Krankheit und Heilung. Seit mindestens 3000 Jahren wird die »Wissenschaft vom Leben« nachweislich praktiziert. Ihre Anfänge gehen sogar bis in vorgeschichtliche Mythen zurück. Quelle des Ayurveda ist die Medizin der Arier, die im 3. Jahrtausend v. Chr. nach Nordindien kamen und mit den dortigen Stadtkulturen verschmolzen. Schon im 2. Jahrtausend v. Chr. werden in den Veden, den heiligen Schriften Indiens, Hinweise auf Krankheiten und Heilpflanzen gegeben. Die Blütezeit des Ayurveda begann mit Buddha im 6. Jahrhundert v. Chr.

*Die fünf Prinzipien des Ayurveda lauten: Äther, Wind, Feuer, Wasser, Erde.*

Die ayurvedische Welt wird von fünf Prinzipien oder Elementen gestaltet: Äther – Wind – Feuer – Wasser – Erde. Alle leiblichen und geistigen Körperfunktionen werden dagegen von drei Lebenskräften oder Lebenssäften – *Vata*, *Pitta* und *Kapha*, den drei Doshas – gesteuert.

- *Vata* ist entstanden aus Äther (Raum) und Luft, ist beweglich, schnell, leicht, kalt, subtil, rau, trocken. Vata kontrolliert aber auch die beiden anderen Doshas.
- *Pitta* ist entstanden aus Feuer, ist heiß, scharf, leicht, sauer, durchdringend und etwas ölig.
- *Kapha* ist entstanden aus Wasser und Erde, ist schwer, ölig, langsam, kalt, stabil, glatt, fest und träge.

Zur Therapie setzt Ayurveda ausschließlich natürliche Heilmethoden ein. Diese sind aus europäischer Sicht oft recht unkonventionell: Vier Masseure bearbeiten über eine Stunde den Körper des Patienten in sechs verschiedenen Körperstellungen mit Pflanzenölen. Diese Öle werden je nach Krankheitsbild ausgewählt, erhitzt und mit Kräutern vermischt. Die Behandlung dauert acht bis zehn Tage. Während dieser Zeit hält man eine fettfreie Diät. Der mit einer Art Lederkappe geschützte Kopf wird mit medizinischem Öl bei erträglichen Temperaturen behandelt. Nasenhöhle, Magen und Darm werden gespült, der Patient wird zur Ader gelassen, Blutegel werden angesetzt.

*Kuraufenthalte in Verbindung mit Fernreisen sind bei einem Schützen besonders wirksam.*

Die Reinigungstherapien sind Dreh- und Angelpunkt der Ayurveda-Medizin. Zur inneren Reinigung verschreibt man Fettkuren, Schwitzkuren, künstliches Erbrechen, Einlauf und Abführmittel. Damit werden die Stoffwechselschlacken erst gelockert und dann ausgeschieden. Die täglichen Massagen dienen der Revitalisierung. Yoga, Meditation, Atemübungen entfalten das Bewusstsein. Kunst, Tanz und Rhythmus gehören ebenfalls zu jeder ganzheitlichen Behandlung.

*Tipp:* Die ayurvedischen Kuren gibt es nicht nur in Indien, Sri Lanka oder anderen asiatischen Ländern. Auch in Deutschland finden sich schon einige ayurvedische Kliniken. Ayurveda-Kuren sind nicht gerade billig. Preislich ist kein Unterschied zwischen Sri Lanka und Deutschland. Allerdings kommen die meisten Patienten wie »runderneuert« aus einer solchen Kur zurück. Für Sie als Schütze empfiehlt sich natürlich eine Original-Ayurveda-Kur im Fernen Osten, denn weite Reisen in Verbindung mit Kuren wirken doppelt heilsam bei Ihnen!

# Bach-Blüten

Bach-Blüten-Essenzen sind in England und anderen angelsächsischen Ländern seit ca. 50 Jahren in Gebrauch. Sie gelten als feinstoffliche Heilmethode und wurden von dem englischen Arzt Dr. Edward Bach in den 30er-Jahren des vergangenen Jahrhunderts entwickelt. Er beschäftigte sich zunächst mit Homöopathie und erstellte aus den von ihm entdeckten Darmbakterien Bach-Nosoden. Mit 44 Jahren gab er Praxis und Labor auf, um nach pflanzlichen Alternativen zu seinen bakteriellen Nosoden zu suchen. Seine spezifisch heilenden Pflanzen nannte er »Reharmonisierungstropfen«.

*Bach-Blüten bringen Sie Ihrer Seele näher.*

Edward Bach schreibt: »Krankheit ist weder Grausamkeit noch Strafe, sondern einzig und allein ein Korrektiv, ein Werkzeug, dessen sich unsere Seele bedient, um uns auf unsere eigenen Fehler hinzuweisen, um uns vor größeren Irrtümern zurückzuhalten, um uns daran zu hindern, noch mehr Schaden anzurichten, und uns auf den Weg der Wahrheit und des Lichts zurückzubringen, von dem wir nie hätten abkommen sollen.«

Bach-Blüten sind homöopathisch aufbereitet und lösen energetische Schwingungen aus. Zusätzlich zu den 38 Essenzen hat Bach die »Notfalltropfen« entwickelt, die bei seelischen Schockzuständen oder großer innerer Anspannung helfen.

Bach-Blüten eignen sich vor allem zur Behandlung psychischer Zustände sowie zur positiven Beeinflussung negativer Charakterzüge. Sie wirken also vornehmlich auf Geist und Seele ein, doch häufig bessern sich dadurch auch körperliche Krankheiten. Astromedizinisch werden dem Schütze-Menschen die Mittel *Agrimony* und *Sweet Chestnut* zugeordnet, die Mechthild Scheffer wie folgt beschreibt:

*Agrimony:* Man versucht, quälende Gedanken und innere Unruhe hinter einer Fassade von Fröhlichkeit und Sorglosigkeit zu verbergen!

- Geraten Sie durch Missstimmungen und Streit sehr oft in seelische Bedrängnis, da Sie gerne in Frieden leben und gute Stimmung um sich haben möchten?
- Tun Sie viel um des lieben Friedens willen?
- Bringen Sie fast jedes Opfer, um Ihren inneren und äußeren Seelenfrieden aufrechtzuerhalten und Konfrontationen zu vermeiden?
- Verbergen Sie Ihre eigenen Sorgen und Ihre innere Ruhelosigkeit des Öfteren hinter einer Maske von Witz und Heiterkeit (»immer nur lächeln«)?
- Ist Ihnen der gute Eindruck nach außen meistens wichtig?
- Bagatellisieren Sie Ihre Probleme oder sprechen Sie selbst nicht darüber?
- Gestehen Sie Probleme nicht einmal ein, wenn Sie von anderen darauf angesprochen werden?
- Versuchen Sie häufig Anregung oder Abwechslung zu finden (Kino, Partys, Aktion in jeder Form), um den eigenen sorgenvollen Gedanken zu entfliehen?
- Sind Sie gesellig, weil Sie Ihre inneren Nöte in Gesellschaft anderer kurzzeitig vergessen können?
- Sind Sie oft der gute Freund, der Friedensstifter, der tolle Kumpel oder der Stimmungsmacher auf einer Party?
- Greifen Sie häufig zu Alkohol, Drogen oder Tabletten, um Schwierigkeiten in guter Stimmung durchzustehen oder um quälende Gedanken zu besänftigen?
- Sind Sie ein sehr bewegungsfreudiger Mensch, um nicht viel Zeit zum Nachdenken zu haben?
- Überspielen Sie als Kranker oft Ihre Beschwerden, unterhalten Sie das Pflegepersonal mit Ihren Witzen?

*Mit dem Fragenkatalog finden Sie Ihr Heilmittel.*

Haben Sie mehrere Fragen mit Ja beantwortet, dann könnte Agrimony eines Ihrer aktuellen Mittel sein!

*Sweet Chestnut:* Tiefste Verzweiflung. Man glaubt, die Grenze dessen, was ein Mensch ertragen kann, sei nun erreicht!

- Empfinden Sie Ihre momentane Lage als ausweglos und wissen Sie nicht mehr weiter?
- Haben Sie das Gefühl, den äußersten Grad Ihrer Belastbarkeit erreicht zu haben?
- Sind Sie in einer Grenzsituation: Fühlen Sie sich innerlich völlig verloren oder befinden Sie sich in einer hilflosen Leere oder in völliger Isolation?
- Befinden Sie sich momentan in einem extremen seelischen Ausnahmezustand?
- Lernen Sie gerade »die dunkle Nacht Ihrer Seele« kennen?
- Halten Sie es nicht für möglich, dass ein Mensch so viel durchstehen muss? Glauben Sie, dass Gott Sie vergessen hat?
- Haben Sie alle Hoffnungen fahren lassen, zeigen es nach außen aber nicht?
- Wissen Sie, dass jetzt etwas grundsätzlich Neues kommen muss?

*Die Fragen, die Sie mit Ja beantworten, geben einen wichtigen Hinweis auf Ihr Heilmittel.*

Wenn Sie einige dieser Fragen mit Ja beantwortet haben, dann könnte Sweet Chestnut eines Ihrer aktuellen Mittel sein!

**Wo erhalte ich die Bach-Blüten?**

Vielleicht kennen Sie einen guten, auf dem Gebiet der Bach-Blüten-Therapie erfahrenen Heilpraktiker oder Homöopathen, der die für Sie passende Mixtur ermittelt oder Ihnen das fertige Fläschchen entweder gleich mitgibt oder Ihnen ein Rezept für die Apotheke ausstellt. Eine fachlich gute Beratung durch einen geeigneten Therapeuten empfiehlt sich vor allem dann, wenn Sie selbst noch nie in Kontakt mit den Bach-Blüten gekommen sind.

*Ein erfahrener Heilpraktiker ermittelt für Sie die geeignete Mixtur.*

Sind Sie mittlerweile schon ein kleiner »Profi« geworden und beherrschen die Eigendiagnose, dann können Sie sich nach sorgfältiger Auswahl die entsprechende Mischung in fast allen Apotheken zusammenstellen lassen. Man kann bis zu sechs verschiedene Blütenessenzen miteinander kombinieren, doch meine Erfahrung zeigt, dass die Wirkung schneller und stärker eintritt, je weniger Blütenessenzen gleichzeitig eingenommen werden (maximal vier bis fünf). Daueranwender besorgen sich die Konzentratfläschchen direkt beim Bach-Center und mischen sich die Heilmittel jeweils nach Bedarf selbst zusammen. Weitere Tipps finden Sie im Anhang.

# Biochemie

Unter Biochemie versteht man im Allgemeinen die Lehre von der chemischen Zusammensetzung der Lebewesen und den chemischen Vorgängen in den Lebewesen sowie im Besonderen die Lehre des Oldenburger Arztes Wilhelm Heinrich Schüßler (1821–1898). Schüßler war eifriger Verfechter des homöopathischen Gedankenguts. Bei seinen Forschungen richtete er sein Augenmerk auf die Mineralsalze und deren Wirksamkeit. Er entwickelte den Leitsatz: »Die im Blute und in den Geweben vertretenen anorganischen Stoffe genügen zur Heilung aller Krankheiten, die überhaupt heilbar sind.« 1874 veröffentlichte er Anleitungen zur biochemischen Behandlung von Krankheiten unter dem Titel »Eine abgekürzte Therapie«. Besserung oder Heilung ist nur möglich, wenn die den Zellen fehlenden Stoffe direkt (durch den Blutstrom) zugeführt werden oder wenn eine Entgiftung der Zellen durch gesundes Blut geschehen kann.

*Schüßler-Salze lösen krank machende Blockaden im Körper.*

Schüßler verwendet in seinem Heilsystem nur solche Mineralien, die im Körper, im Blut und in den Geweben in chemischer Bildung vorhanden sind. Durch die Biochemie kann die gestörte physiologische Chemie des Körpers direkt korrigiert werden. Man nimmt die Schüßler-Salze in niedrigen Potenzen von D 3 bis D 12 ein. Sie sind als Tabletten oder Salbe in der Apotheke erhältlich.

Astromedizinisch werden dem Schütze-Menschen die Mittel *Silicea (Sil.) = Kieselsäure* D 12 und *Calcium fluoratum (Calc. fluor.) = Fluorcalcium* D 12 zugeordnet, die wie folgt beschrieben werden:

*Silicea* gibt allen Geweben Festigkeit. Sie ist enthalten im Bindegewebe, in der Haut, den Haaren und den Nägeln. Sie spielt bei der Haarbildung eine Hauptrolle und ist das Hauptmittel gegen alle Eiterungsprozesse, weil sie den Eiterausfluss fördert; ferner bei verhärteten Geschwüren und Geschwülsten und übel riechendem Fußschweiß. Besondere Anwendung findet Silicea bei langwierigen Leiden und Schwächezuständen, hauptsächlich bei Erschöpfung des Nervensystems, dauernden Kopfschmerzen und Schlaflosigkeit. In der Volksmedizin spielen kieselsäurehaltige Tees, vor allem Equisetum, eine bedeutende Rolle bei Lungenschwindsucht, schwer heilenden, eitrigen Wunden und Krebs. Darum kann Silicea auch als Mittel bei Krebs und Tuberkulose gelten!

*Silicea hilft bei Kopfschmerzen und Schlaflosigkeit.*

*Calcium fluoratum* findet sich in den Knochen und in den Zähnen, aber auch in allen elastischen Geweben des Körpers. Es ist auch in der Knorpelsubstanz, der Glaslinse des Auges enthalten. Trübungen des Auges, die auf Mangel an Fluorcalcium beruhen, sind durch dieses Mittel heilbar. In erster Linie findet es jedoch Anwendung bei Knochenerkrankungen, Knochengeschwülsten mit und ohne Eiterung, bei Zahnkrankheiten, Ausdehnung der Blutgefäße, Hämorrhoiden, Krampfadern, Ausbuchtungen der Blutgefäße, Adernverkalkung, Herzfehlern, bei Hängebauch, Erschlaffung des Unterleibs, Magenerweiterungen, Verlagerungen und Senkungen der Gebärmutter und bei harten und eitrigen Drüsen.

Bei akuten Gelenkschmerzen sollten Sie die »heiße Sieben« ausprobieren. Geben Sie zehn Tabletten »Ferrum phosphoricum D 6« in ein Glas heißes Wasser, umrühren und schluckweise austrinken. Weitere Informationen finden Sie im Anhang.

# Chiropraktik

Da den Schütze-Geborenen astromedizinisch die untere Wirbelsäule, die Hüfte und die Oberschenkel zugeordnet sind, werden sie so manche Schmerzen im Bewegungsapparat mithilfe eines Chiropraktikers schnell beheben können. Diese Therapiemethode wurde von Daniel David Palmer (1845–1913) erstmals erfolgreich zur Einrenkung von Halswirbeln bei einem Hausmeister angewendet. Eigentlich war Daniel Palmer Magnetopath und Gemischtwarenhändler. Er gründete 1896 eine Schule und entwickelte zusammen mit seinem Sohn im Laufe der Jahre eine wirksame Therapie, die jedoch inzwischen noch verfeinert wurde.

*Bei einer chiropraktischen Behandlung muss jeder Handgriff exakt sitzen.*

Bei einer chiropraktischen Behandlung wird das blockierte Gelenk leicht über seine normale Beweglichkeit hinaus gedehnt, wobei Kapseln, Bänder oder Weichteile nicht verletzt werden. Der Griff des Chiropraktikers muss sitzen und genau dosiert sein. Oft ist dann ein Knacken zu hören und danach ist die Gelenkfunktion wiederhergestellt. Bei der *aktiven* Mobilisation entspannen sich die Muskeln, bei der *passiven* werden die Gelenke behutsam in die eingeschränkte Bewegungsrichtung gedrückt. Der Chiropraktiker geht mit geringem Kraftaufwand, doch ganz gezielt an eine bestimmte Stelle und dieser Impuls löst dann die Blockade auf und baut Fehlanspannungen ab.

So ist diese Therapieform sehr gut geeignet bei Schulter- und Armschmerzen, bei Tennisarm, Hüft- und Knieschmerzen und deren mannigfache Begleitsymptome wie Kopfschmerz, Migräne, Schwindel oder Schleudertrauma. Chiropraktiker sind im örtlichen Branchenbuch aufgeführt. (Viele weitere Buchtipps und Kontaktadressen finden Sie im Anhang unter »Chiropraktik« oder »Manuelle Therapien«.)

# Diät

*Um wirklich ein paar Pfunde loszuwerden, sollten Sie es am besten mit FdH probieren.*

Astrologisch sind den Schütze-Geborenen die Öl-Eiweiß-Diät nach Dr. Budwig, die Hollywood-Kur oder eine eiweißreiche Aufbaudiät zugeordnet. Auch »FdH« dürfte ihnen kein Fremdwort sein und dabei helfen, ein paar Speckröllchen zu »verabschieden«.

Als Schütze-Persönlichkeit schätzen Sie fremdländische Kost und lieben üppige und aromatische Gerichte. Da Sie gerne ausgehen, sollten Sie chinesische und italienische Lokale aufsuchen, denn dort werden Ihnen immer köstliche und zudem leichte Speisen angeboten. Trotzdem hilft bei Winterspeck nur eines: Friss die Hälfte (FdH) – und das sollten Sie mehrere Tage lang durchhalten.

Zum Frühstück gibt es dann nur ein Ei und eine Birne (oder einen Apfel) sowie ungesüßten Tee oder Kaffee.

Einige Mittagessen zur Auswahl: 150 g Magerquark, zwei Tomaten und zwei Essiggurken, dazu einen Vollkornzwieback. Am nächsten Mittag vielleicht 200 g mageres Rindfleisch, eine Tomate und einen Zwieback. Am dritten Tag ein Ei, einen Apfel und einen Kopf Eisbergsalat, mit Joghurt und Zitrone angemacht. Zum Abendessen 150 g frisches Tatar, eine Tomate, eine Apfelsine und eine Scheibe Knäckebrot. Oder ein Ei, einen Endiviensalat und dazu Vollkornbrot. Aber auch Blumenkohl mit Ei und Tomate oder drei Scheiben Roastbeef, eine Birne und ein Zwieback sind als Abendessen erlaubt.

Nicht gleich ungeduldig werden, wenn die Waage nicht schon am ersten Tag spurt. Halten Sie diese Minusdiät einige Tage lang durch, dann purzeln auch bei Ihnen ein paar Pfunde. Nicht alle Menschen sollten gleich schlank sein, etwas mehr Individualität schadet auch beim Gewicht nicht. Wer also ein paar Pfunde zu viel auf der Waage hat und sich trotzdem wohl fühlt, sollte so bleiben, wie er ist.

*Holunderblütentee oder -saft ist für Entschlackungskuren geeignet.*

Und noch ein Tipp für Sie: Trinken Sie öfters Holunderblütentee oder den Saft des *Holunders*. Er schützt nicht nur vor Virusinfekten, sondern festigt auch die Kapillaren, was bei Bluthochdruck und Gefäßerkrankungen, bei Krampfadern und Hämorrhoiden sehr hilfreich ist. Der Saft der schwarzen Beeren hilft zudem bei Rheuma und Nervenschmerzen und beim Abbau von Harnsäure. Das im Saft enthaltene Kalium kann überschüssige Magensäure binden sowie Giftstoffe ausleiten und seine Gerbstoffe regen die Verdauung an.

# Dorn-Methode

*Wirbelfehlstellungen können durch die Dorn-Methode sanft korrigiert werden.*

Diese neu entwickelte, sehr sanfte Art der Chiropraktik wird zur Diagnose und als Behandlungsform vor allem bei Funktionsstörungen wie z. B. Fehlhaltungen oder falschen Bewegungsabläufen und Schmerzen des Bewegungsapparates eingesetzt. Da Hüfte und Oberschenkel dem Schütze-Zeichen zugeordnet sind, leiden viele Schütze-Geborene an Rückenschmerzen, weshalb diese Form der Therapie hervorragend zu allen Menschen passt, die eine Schütze-Betonung im Geburtshoroskop aufweisen (Aszendent, Sonne oder Planeten in diesem Zeichen oder im neunten Haus oder auffällige Aspekte des Jupiter). Darüber hinaus ist die Wirbelsäulentherapie nach Dorn ein viel sanfteres Verfahren als die klassische Chiropraktik.

Dieter Dorn, ein sehr bescheidener Mann, geht davon aus, dass sich einzelne oder mehrere Wirbelkörper durch Fehlbelastungen, Unfälle oder falsche Körperhaltung mit der Zeit verschieben können. Dadurch werden die Spinalnerven eingeengt, und das wird schmerzhaft spürbar und zieht auch Körperregionen und Organe negativ in Mitleidenschaft. Durch die Dorn-Methode werden diese Wirbelfehlstellungen dann auf sanfte Weise korrigiert.

Der Behandler ertastet mit beiden Daumen die Dorn- und Querfortsätze der Wirbel. Damit diese mobilisiert werden, sollte der Patient nach Anweisung bestimmte Pendelbewegungen mit Armen oder Beinen durchführen. Durch mehr oder weniger starken Druck mit dem Daumen kann danach vom geschulten Therapeuten die Repositionierung der Wirbel erzielt werden. Da bei dieser Methode die Wirbel ganz langsam in ihre ursprüngliche Position zurückgleiten, ist diese Therapie sanft und schonend für Gelenke, Sehnen und Bänder.

Bei Interesse wenden Sie sich an Herrn Günther Gross, der Dorn-Seminare leitet (Tel.: 0 75 20/92 31 95), oder an die Praxis Dieter Dorn (Tel.: 0 83 94/2 15) und fragen nach einem Behandler in Ihrer Wohnortnähe. (Weitere Buchtipps und Kontaktadressen finden Sie im Anhang unter »Chiropraktik« oder »Manuelle Therapien«.)

*Die Wirbel gleiten langsam in ihre ursprüngliche Position zurück.*

## Elektroakupunktur nach Voll

*Die Elektroakupunktur kommt ohne Nadelstiche aus.*

Auch diese Form der Akupunktur (= Feuerenergie) passt hervorragend zum Schütze-Zeichen. In den 50er-Jahren des vergangenen Jahrhunderts experimentierten mehrere deutsche Ärzte mit der elektrischen Messung der Akupunkturpunkte. Eine der bekanntesten Messapparaturen ist das 1971 von Voll (1909–1989) entwickelte Gerät. Dabei wird durch eine Punktelektrode an den Akupunkturpunkten des Patienten die Leitfähigkeit des Gewebes gemessen. Bei Skala 0–49 zeigt sie degenerative Vorgänge und energetische Schwäche an, bei 50–70 ein stabiles und normales Verhalten der Organe und bei 71–100 das Vorliegen von Entzündungen und Organirritationen.

Der Resonanztest gibt Aufschluss über die individuelle Therapie. Die Basisuntersuchung erfolgt durch Messung der Terminalpunkte an den Fingern oder Zehen, die im äußeren Winkel der Nagelbetten liegen. Während der Messung hält der Patient einen Metallstab in der Hand, der mit der Messapparatur verbunden ist. Der Arzt berührt nun mit einer Art Griffel leicht die Schlüsselpunkte auf der Haut des Patienten. Die jeweiligen Reaktionen können am Zeigerausschlag abgelesen werden: Um auszutesten, ob der Patient negativ oder positiv auf bestimmte Stoffe reagiert, werden verschiedene Präparate (Allergene, Medikamente) in einen Metallbehälter gegeben, der in dem Messkreis eingebunden ist. Diese Präparate können auch homöopathisch aufbereitete Schad- und Giftstoffe sein (Nosoden).

Tatsächlich reagiert der Organismus des Patienten in unterschiedlicher Stärke auf diese Nosoden, obwohl er ja nicht direkt damit in Berührung kommt, doch wie auch in der

Homöopathie, bei Bach-Blüten und vielen anderen alternativen Therapien teilen sich auch hier die Schwingungen des Präparates den Schwingungen des Patienten mit. So gesehen bedeuten diese elektrisch-energetischen Messungen Diagnose und Therapie zugleich, denn die bioelektrischen Regulationsverfahren erkennen Krankheiten noch vor deren Ausbruch, spüren Umweltgifte sowie Medikamentenrückstände im Körper auf, finden Allergene und Arzneimittelunverträglichkeiten, entdecken Krankheitsherde und kontrollieren gleichzeitig Behandlungserfolge oder -misserfolge.

*Allergiker und chronisch Kranke profitieren am ehesten von der Elektroakupunktur.*

Diese Regulationstherapien sind besonders geeignet bei akuten und chronischen Erkrankungen, deren Ursache noch nicht geklärt werden konnte, bei vegetativer Dystonie, bei Störungen der Darmtätigkeit und des Immunsystems, bei Allergien und nach operativen Eingriffen. Therapeuten, die in Ihrem Wohnbereich mit Elektroakupunktur arbeiten, finden Sie im Branchenbuch.

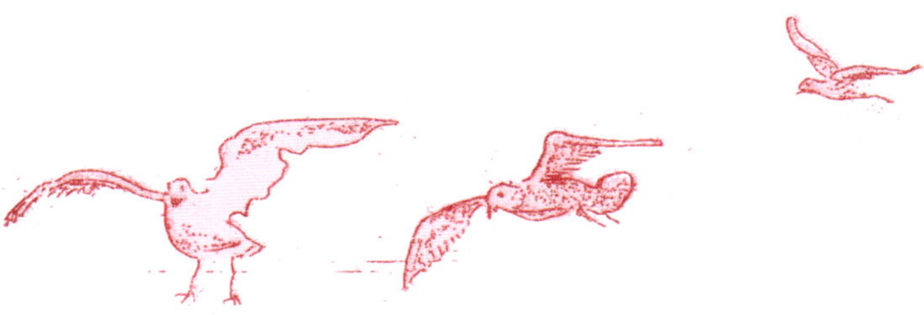

## Farbtherapie

*Die Farbe Rot wirkt positiv bei depressiven Verstimmungen oder Energiemangel.*

Aus astrologischer Sicht sind den Schütze-Geborenen vor allem feurige Farben zugeordnet wie z. B. Kardinalsrot, Königsblau oder ein tiefes Gelb.

*Rot* ist eine aktive und wirkungsvolle Farbe. Tragen Sie bevorzugt diese Farbe, dann repräsentiert sie Ihre Leidenschaft und Emotion. Sie ist aber auch die Farbe des Blutes und des Feuers. Rot zeigt in milder Ausführung die Liebe Ihres Herzens, Ihre Barmherzigkeit oder Nächstenliebe an. Das intensive Rot kann Ihren (un)bewussten Hass spiegeln. Wo Rot aufleuchtet, ist die Seele aktionsbereit. Hier setzt entweder Bewunderung oder Leiden ein. Rot repräsentiert aber auch Laster, Wut und Teufel. Dunkelrot ist ein Symbol für Begierde, Leidenschaft, Energie und Zorn. Ein helles Rot steht für Wärme und lebendige Zuneigung.

Therapeutisch wirkt Rot positiv bei Depressionen, niedrigem Blutdruck, Energiemangel, fehlendem Realitätsbezug, bei blasser Haut, Blasenentzündung, Anämie, Durchblutungsstörungen, Impotenz und Frigidität.

Psychologisch gesehen kann Rot Glück, Freude und Energie, aber auch Hass, Leidenschaft und Begierde erzeugen, Reizbarkeit und Reizentladung auslösen oder Willenskraft stimulieren!

Die Farbe *Blau* hat immer mit Ihren geistigen oder spirituellen Erlebnissen oder Erkenntnissen zu tun. Blau ist die Polarität zum emotionalen Rot, denn es hat etwas Kühles und Überlegenes. Das weiche, zarte Blau ist eine typisch weibliche Farbe und symbolisiert seelische Entspannung und innere Gelöstheit. Blau steht für Ihre geistigen Ziele und Einsichten, für Ihre Religiosität, Ihren Glauben oder Ihre geistige Reife. In der Farbtherapie wirkt Blau antiseptisch, kühlend und auch zusammenziehend.

Blau wird hilfreich eingesetzt bei Überfunktion der Schilddrüse, Halsschmerzen, Entzündungen, Fieber, Ohreninfektionen, geistiger Erschöpfung, Nervosität, Koliken, hohem Blutdruck und leichter Erregbarkeit.

Psychologisch gesehen weist Blau in die Weite, ins Ferne, in die Unendlichkeit. Es symbolisiert Treue, Sehnsucht und Entspannung, aber auch Hinwendung zum eigenen Inneren, und aktiviert den Rückzug zum Ich.

*Meist trägt man die Farbtöne des Aszendenten, aber auch die Zeichen in Mond und Venus geben Hinweise auf den Farbgeschmack.*

Doch auch Ihr Aszendent – die Beschreibung und eine Tabelle zum Errechnen des Aszendenten finden Sie im Anhang – ist ein wichtiger Punkt, der für Sie günstige Farbvariationen anzeigt:

- *Aszendent Widder* kann recht feurige Farben tragen, z. B. ein leuchtendes Hellrot oder ein Blutrot.
- *Aszendent Stier* mag Erdfarben wie Braun, Lehmfarben, Taupe, Khaki, Terrakotta, Korallenrot oder ein sattes Grün.
- *Aszendent Zwillinge* liebt luftige Farbtöne wie Postgelb, Hellgelb, Hellgrau oder Himmelblau.
- *Aszendent Krebs* bevorzugt eher die weichen Pastelltöne, z. B. Rosa, Lila oder Violett.
- *Aszendent Löwe* schätzt kräftige Farben, ein klares Weiß, einen Goldton oder ein kräftiges Orange.
- *Aszendent Jungfrau* tendiert zu gedeckten Farben wie Sand, Hellbraun, Taupe, Beige, Grau oder Lindgrün.
- *Aszendent Waage* braucht luftige, harmonische Farbtöne, z. B. ein helles Blau, ein mildes Grau, Taubenblau, Blaugrau, Blaugrün, Rauchgrau.
- *Aszendent Skorpion* liebt etwas gespannte Farbmischungen, z. B. Granatrot, Giftgrün, Schwarz-Weiß, Blau-Rot oder Lila-Violett.
- *Aszendent Schütze* schätzt leuchtende Farben wie Kardinalsrot, Königsblau oder ein tiefes Gelb.

- *Aszendent Steinbock* bevorzugt gedeckte oder dunkle Töne, z. B. Schwarz, Dunkelblau, Dunkelgrün, Anthrazit oder Bleifarben.
- *Aszendent Wassermann* kann metallische Farben gut tragen, z. B. Eisblau, Eisblaugrün, Blitzlichtfarben oder Stoffe, die metallisch wirken oder ein bisschen leuchten.
- *Aszendent Fische* liebt fließende Farben wie Flussgrün, Algengrün, Rosa, helles Lila sowie Mischtöne (Batik).

*Wenn Farbimpulse auf Akupunkturpunkte oder Energiezentren gerichtet werden, sind sie am wirksamsten.*

Farben gehören aber auch in der Behandlung von Krankheiten zu den modernsten, energetisch wie holistisch wirksamen Therapieverfahren. Farbimpulse sind am erfolgreichsten, wenn sie auf die jeweiligen Akupunkturpunkte oder Energiezentren gerichtet werden. Die Farbtherapie geht davon aus, dass die Frequenzen von Zellen gestört sind. So verwendet man z. B.

- *Rotlicht* bei allen chronischen Erkrankungen und Durchblutungsstörungen;
- *Blaulicht* bei allen hitzigen und eitrigen Prozessen, bei Nervosität, Schlaflosigkeit, Koliken, Blutungen, Entzündungen und Schmerzen;
- *Gelblicht* bei körperlicher oder geistiger Müdigkeit, bei Schwäche des Drüsensystems, bei Erkrankungen des Magen-Darm-Traktes, der Leber, der Blase und der Niere;
- *Grünlicht* bei Augenleiden, Bronchialkatarrh, Keuchhusten, Gelenkentzündungen, Gicht, Diabetes, Schwellungen und Knotenbildung.

# Fieber und Oxithermie

Schon Hippokrates nannte das Fieber »reinigendes Feuer«. Bei Fieber »tanzen« Ihre Enzyme. Ihr Herz und Ihr Atem gehen schneller, Ihr Stoffwechsel beschleunigt sich, Abwehrzellen, Signal- und Killerzellen werden jetzt vermehrt ausgeschickt. Nicht die hohe Körpertemperatur ist ausschlaggebend, sondern das aktivierte Immunsystem ist heilend. Für ein Feuerzeichen wie Sie ist Fieber stets eine gute Heilreaktion. Bernd Dost schreibt: »Heute sind vor allem die aktive Fiebertherapie und die passive Fiebertherapie wesentliche Bestandteile einer ganzheitlichen Medizin.«

*Fieber ist eine Heilreaktion des Körpers. Es gibt eine aktive und passive Fiebertherapie.*

**Aktive Fiebertherapie**

Hier werden dem Patienten Bakterien oder andere Fieber erzeugende Substanzen gespritzt. Der später so angefeindete Krebsarzt Dr. Issels hatte mit Fiebertherapie große Heilerfolge. Vor allem bei Aids, Allergien, Asthma, Darm- und Magengeschwüren, Hauterkrankungen, Hirnhautentzündungen, Keuchhusten, Krebs, Lungenentzündung, multipler Sklerose, Nerven- und Hirnerkrankungen, Neurodermitis, rheumatischen Erkrankungen und Viruskrankheiten (Hepatitis, Poliomyelitis).

**Passive Fiebertherapie**

Hier beschickt man den Körper des Patienten in Form von Mikrowellen, Ultraschall, Infrarot oder mit Hochfrequenzmagnetfeldern. Diese Therapieform nennt man auch Hyperthermie.
Krebsforscher sind inzwischen überzeugt, dass eine mit anderen Verfahren kombinierte Hyperthermie die Krebstherapie ein gutes Stück vorwärts bringen kann.
Ähnlich arbeitet die *Oxithermie.* Eine neue wärmende Heilme-

thode, die für Schütze-Geborene sehr wirksam sein kann. Mit dem Rücken haben viele Menschen Probleme, aber auch mit Rheuma, Neuralgien, Verspannungen und Migräne. Nun gibt es eine neuartige Infrarot-Ganzkörpertherapie, die mit Sauerstoffinhalationen kombiniert worden ist. Die Oxithermie ist an vielen Universitäten ausgiebig untersucht und als wirksame biophysikalische Therapie anerkannt worden. Zehn Jahre lang ist dieses Therapieverfahren im Ardenne-Institut in Dresden erprobt und angewendet worden, doch jetzt findet es auch im ambulanten Bereich seinen therapeutischen Einsatz.

*Durch Oxithermie wird die Immunreaktion stimuliert, dadurch wird die körpereigene Abwehr gestärkt.*

Eindrucksvolle Ergebnisse aus dem Bereich der Krebs-Mehrschritttherapie geben Zeugnis von der Wirksamkeit dieser Methode. Durch die Stimulierung der Immunreaktion wird die Körperabwehr verstärkt. Hier wird der Krebs quasi »verkocht« und die Körperkerntemperatur von 42 Grad Celsius wird vom Patienten gut vertragen. Bei der milden Hyperthermie arbeitet man mit Temperaturen von 37 bis 38,5 Grad Celsius; bei der moderaten Form mit 38,5 bis 40 Grad Celsius. Die intermediäre Form erreicht 40 bis 41,5 und die hohe bzw. extreme Hyperthermie bei Krebspatienten arbeitet mit 41,5 bis 43 Grad Celsius.

Mit dieser Therapie wird die Durchblutung verbessert, durch die Sauerstoffaufnahme werden verschiedene Lungen- und Bronchialerkrankungen geheilt, die Sehleistung bessert sich bei Netzhauterkrankungen. Aber auch bei Morbus Bechterew, bei chronischen Entzündungen, Neurodermitis, Hypertonie und chronischen Schmerzen ergaben sich gute Heilwirkungen.

*Fazit:* Wärmebehandlungen helfen einem Schütze-Menschen, die persönliche Lebensenergie, die »innere Heilungsarbeit wieder aufzunehmen«. (Weitere Informationen finden Sie im Anhang unter »Hyperthermie« und »Sauerstofftherapie«.)

# Fitness mit Tai-Chi und Qi Gong

Als gefährliche Torschützenkönige unter den Schütze-Geborenen erwiesen sich beim Fußball Lothar Emmerich, aber auch Mario Basler und Heiko Herrlich trafen oft ins Tor. Schütze-Menschen beginnen schon als Kind recht früh zu laufen und reißen auch gerne aus. In den olympischen Disziplinen glänzen sie als Speer- oder Diskuswerfer, sie sind Spitze im Bogenschießen und Hindernisreiten. Wer das Geld hat, sollte sich natürlich ein Reitpferd halten und diesen Sport praktizieren. Bei Sportfesten tummeln sich zwar zahlreiche Schütze-Geborene, doch am Siegertreppchen machen sie sich rar. Grund: Sie beginnen voller Begeisterung mit einer neuen Sportart, verlieren jedoch bald danach wieder das Interesse daran und nehmen sich andere Ziele ins Visier.

*Ziel des Tai-Chi ist die perfekte Koordination von Körper und Geist, um die Kräfte Yin und Yang zu vereinen.*

Da hätte ich zwei Vorschläge für Sie, die Sie abwechselnd üben können und bei denen Ihnen nicht so schnell langweilig werden dürfte: Tai-Chi (Ta'i Chi) und Qi Gong. Beide Therapien gehören zur Traditionellen Chinesischen Medizin (TCM).

Der altchinesischen Vorstellung von den gleichzeitig polaren wie harmonischen Kräften des Yin und des Yang folgt das *Tai-Chi*, ein System von Körperübungen und Meditationen, das gleichzeitig den Körper mit Energie aufladen und die Seele beruhigen soll. In uns und durch uns wirkt immer das Universum. Ziel des Tai-Chi ist die perfekte Koordination von Geist und Körper durch einen Tanz fließender und kreisender Bewegungen, bei dem die Kräfte des Yin und Yang vereinigt werden. Zum einen resultiert diese Technik aus den chinesischen Kampfkünsten, zum anderen aus den gesundheitserhaltenden Übungen des Qi Gong.

Im frühesten Handbuch des Tai-Chi-Quan heißt es: »Das Tai-

Chi entspricht den beiden Instrumenten Himmel und Erde, Yin und Yang, Schließen und Öffnen, Bewegung und Ruhe, Weichheit und Härte, Beugen und Strecken, Gehen und Kommen, Verweilen und Vergehen.« Der belastete Fuß entspricht Yang, der unbelastete Yin. Durch den ständigen Wechsel zwischen Belastung und Leere, Yin und Yang, entsteht in Verbindung mit dem langsamen Bewegungsfluss ohne äußere Einwirkung und mit minimaler Kraftaufwendung eine besondere Dynamik, die harmonisierend auf den gesamten Qi-Fluss (Qi = Lebensenergie; siehe hierzu auch den Abschnitt über »Akupunktur«) wirkt.

*Ziel des Qi Gong ist die Regulierung des Energieflusses im Menschen durch spezielle Atem- und Körperübungen.*

Die Bewegungen des Tai-Chi-Quan beanspruchen in ausgewogener Form alle Muskeln, Gelenke und Knochen des Körpers. Dies bewirkt eine Entlastung der Wirbelsäule und das Verweilen im eigenen Schwerpunkt (Becken), stärkt die Beine und die Empfindung für Balance und gute Körperhaltung. Zudem wirken die langsamen Bewegungen beruhigend auf unser Nervensystem. Die positive Wirkung erstreckt sich auf das Zentralnervensystem und das Verdauungssystem, auf Herz, Kreislauf und Atmungsorgane. Tai-Chi kann aber auch das Immunsystem und den gesamten Bewegungsapparat kräftigen!

Das *Qi Gong (Qigong)* ist der Oberbegriff für alle Übungen, mit denen der Mensch seinen Energiefluss selbst beeinflussen kann. Dies geschieht durch spezielle Atemführung, durch bestimmte Körperhaltungen und Bewegungen sowie durch meditative Konzentration. Aus der Vielfalt der Qi-Gong-Übungen ist die »Übung der sechs Laute« eine sehr wirksame. In gezielter Konzentration und mit ganzkörperlichen Bewegungen werden sechsmal hintereinander bestimmte Laute in nachfolgender Reihenfolge ausgestoßen, die den jeweiligen Funktionskreisen zugeordnet sind:

- das *Xu* für den Leberfunktionskreis,
- das *Ke* für den Herzfunktionskreis,
- das *Hu* für den Milzfunktionskreis,
- das *Si* oder *Xie* für den Lungenfunktionskreis,
- das *Chui* für den Nierenfunktionskreis und
- das *Xi* für den »Dreifachen Erwärmer«, der die Atmung, Verdauung und Urogenitale beeinflusst.

Wurde vorher eine bestimmte Störung z. B. im Leber- oder Lungenfunktionskreis diagnostiziert, so wird der dazugehörende Laut einige Male öfter geübt.

*In China wird Qi Gong bei vielen chronischen Krankheiten als zusätzliche Therapie eingesetzt.*

Die »Übungen in Bewegung« (z. B. die »Kranich-Übung«, die »Acht-Brokat-Übungen«, die »Fünf Tiere« u. v. m.) haben sich nach vorheriger Anleitung auch in der Selbsttherapie sehr gut bewährt.

Die Qi-Übungen ermöglichen es Ihnen, das Qi durch den eigenen Körper zu leiten, Blockaden zu beseitigen, Krankheiten vorzubeugen oder diese unterstützend zu behandeln. In China wird diese Therapie bei fast allen chronischen Krankheiten als zusätzliche Hilfe eingesetzt, vor allem bei Erkrankungen des Verdauungsapparates und der Atemwege, bei neurologischen Krankheiten, bei Herz-Kreislauf-Erkrankungen und bei Gelenkbeschwerden, aber auch bei Migräne, Tinnitus und beim LWS- und HWS-Syndrom.

Die Energieleitbahnen durchziehen uns wie Flüsse und Seen. So bewirkt Qi Gong ein Wegschwemmen von Blockaden, ein Erweitern der peripheren Blutgefäße, eine Verbesserung der Mikrozirkulation, eine Erwärmung bestimmter Körperpartien, eine Wiederherstellung des inneren Gleichgewichts und das Zurückpendeln in ein harmonisches Schwingungsmuster. Die SMS bietet fortlaufend Seminare an (Kontaktadresse siehe im Anhang unter »Akupunktur«).

# Heilsteine

*Heil- und Glückssteine des Schützen: Diopsid, Fluorit, Labradorit, Lapislazuli.*

Schon in der Steinzeit wurden die heilenden Eigenschaften bestimmter Steine erkannt. Die zwölf Grundsteine wurden den zwölf Tierkreiszeichen zugeordnet. Auch Hildegard von Bingen und Konrad von Magdeburg haben sich schon im frühen Mittelalter mit den heilenden Kräften der Steine befasst und ihre Erfahrungen überliefert.
Edelsteine sind nicht nur bei Krankheit hilfreich, sondern sie besitzen starke vorbeugende Eigenschaften, und das ganz ohne Nebenwirkungen. Natürlich ersetzen all die genannten Hilfs- und Heilmittel keinen guten Arzt und vor allem keine medizinische Diagnose. Bei akuten Erkrankungen sollten Sie immer Ihren Hausarzt aufsuchen!
Nach astrologischer Symbolik werden dem Schütze-Geborenen folgende Heilsteine zugeordnet: *dunkler Amethyst, Aventurin, Diopsid, Fluorit, Labradorit* und *Lapislazuli.*

### Diopsid

Der Diopsid in grünlicher Ausfertigung heilt Nierenerkrankungen. Er lindert Nephritis und durch Bakterien verursachte Harnwegsinfektionen (auch Tbc). Außerdem ist er als Dipsod-Heilsteineelixier (einige Diopside über Nacht in ein Glas Wasser legen und dieses morgens nüchtern trinken) bei eitrigen Nierenabszessen, Entzündungen des Nierengewebes sowie bei Blasenentzündungen und Nierenbeckenerkrankungen hilfreich. Der schwarze Diopsid oder Sterndiopsid reguliert die Anzahl der weißen Blutkörperchen. Er steuert die Gerinnungsfaktoren im Blut. Menschen mit vielen blauen Flecken oder Bluter sollten immer eine Diopsidkette tragen und diese Wirkung mit dem Diopsid-Heilsteinewasser verstärken. Dadurch

lassen sich auch der Vitamin-C-Haushalt im Körper harmonisieren und Mangelerscheinungen (Zahnfleischbluten, schwammiges Zahnfleisch und Parodontose) vermeiden. Psychologisch gesehen wirkt von den drei Diopsiden der Sterndiopsid am stärksten. Der Diopsid stärkt seinen Träger in der Lebenseinstellung und harmonisiert vor allem Probleme, die bis in die frühe Kindheit zurückreichen. Er verleiht ein höheres Maß an Ausgeglichenheit und aktiviert eine treue und ehrliche Beziehung in Partnerschaft und Freundschaft!
*Farbe:* Grün, Grüngrau, Blau bis Schwarz.

*Der Diopsid verleiht Ausgeglichenheit. Der Fluorit lindert Erkältungskrankheiten.*

**Fluorit**

Der Fluorit (für Schütze-Geborene am besten »Blue John«, blauer oder violetter Fluorit) lindert und heilt in blauer Ausführung vor allem Erkältungskrankheiten, Infektionen, Grippe und andere Erkrankungen im Hals-Nasen-Bereich. Er hilft auch sehr gut bei fieberhaften Infektionen und Kreislaufschwäche. Der violette Fluorit ist ein wirksames Heilmittel für den Kopf und das Gehirn. Er steigert die Konzentrationsfähigkeit und die Aufnahmebereitschaft des Gehirns. Gegen starke Kopfschmerzen und Migräne ist der violette Fluorit-Oktaeder günstig, da er rasch halb- oder ganzseitige Kopfschmerzen lindert. Psychologisch gesehen verspüren Sie durch das Tragen einer Fluoritkette mehr innige Liebe in der Partnerschaft und Freundschaft. Seine stark inspirierende Wirkung auf das Gehirn und Ihre Gedanken fördert Ihre Intuition, Konzentration und Aufnahmefähigkeit. Bei Prüfungen ist er äußerst hilfreich.
*Farbe:* Blau bis Violett.

**Labradorit/Spektrolit**

Der Labradorit stärkt das Immunsystem und aktiviert die Thymusdrüse. Durch seinen hohen Kalziumgehalt werden auch Knochenschmerzen schnell gelindert. Als Labradoritkette beugt er vor allem Wirbelsäulen- und Knochenerkrankungen vor, aber auch starker Wetterfühligkeit. Das Heilsteinewasser aus Labradorit (einige Steine über Nacht in ein Glas Wasser legen und dieses morgens nüchtern trinken) hilft auch bei niedrigem Blutdruck, Gicht, Kreislaufschwäche und Rheuma. Eine Labradoritkugel entstört Ihren Wohnraum von negativen Energien. Die Kugel sollte nicht auf einem Metallsockel stehen und viele Farben in sich bergen. Pro 10 $m^2$ Wohnfläche rechnen Sie mit 1 cm Durchmesser (bei 60 $m^2$ Wohnfläche brauchen Sie mindestens eine Kugel von 6 cm Durchmesser).

*Der Labradorit stärkt das Immunsystem. Der Lapislazuli wirkt beruhigend.*

Psychologisch gesehen hat er stark beruhigende und ausgleichende Wirkung auf die Seele. Er lindert Wutausbrüche und führt zu einer offenen und aufrichtigen Partnerschaft. Menschen, die sehr egoistisch sind, werden mit der Zeit daran erinnert, dass sie nicht alleine auf der Welt sind. Auch diejenigen, die zu starken Emotionsausbrüchen neigen oder zu streng sind, werden durch das Tragen eines Labradorit besänftigt.
*Farbe:* Bunt schillernd in dunklem Gestein.

**Lapislazuli**

Der Lapislazuli wirkt krampflösend und beruhigend. So lindert er Kopf- und Gliederschmerzen und Neuralgien. Er beugt aber auch Hautkrankheiten, Ausschlägen und Ekzemen vor. Als Lapislazulikette oder -tee (einige Heilsteine über Nacht in ein Glas Wasser legen und dieses Heilwasserelixier morgens nüchtern trinken) hilft er bei Schwellungen und Entzündungen, die unter der Haut liegen. Er senkt den Blutdruck und lindert durch Verkalkung entstandene Leiden wie Angina Pectoris, Herzinfarkt und Schlaganfall. Als Kette getragen hilft er bei Regelbeschwerden, Erkrankungen der Lunge, des Hals-

Nasen-Rachen-Raums, der Speiseröhre, des Kehlkopfs und der Mandeln. Auch die Thymus- und Schilddrüse werden gekräftigt.
Er ist ein starker Vorsorgestein gegen alle Krebserkrankungen. Eine Lapislazulikette bewahrt zudem vor Strahlenschäden bei der Arbeit am PC-Monitor und vor der höheren UV-Strahlung durch das Ozonloch.
Psychologisch gesehen fördert der Lapislazuli Ihr Bedürfnis nach Liebe, Partnerschaft und Freundschaft. Er baut Blockaden, Ängste und Vorurteile ab und gibt Ihnen so mehr Selbstvertrauen. Der Lapislazuli wirkt zudem intuitiv belebend auf Ihren Geist und fördert Ihre Konzentrationsfähigkeit. Er macht Sie Neuem gegenüber optimistisch und positiv eingestellt und lässt Sie trotzdem ein gesundes Maß an Misstrauen bewahren. Auch technisch oder geistig begabten Menschen schenkt er mehr Einfallsreichtum und räumliches Denkvermögen im Beruf!

*Heilsteine sind »wortlose« Helfer.*

*Farbe:* Hellblau bis Dunkelblau, stets undurchsichtig, häufig mit goldenen Pyriteinschlüssen.

**Pflege der Heilsteine**

Heilsteine, die ständig in Gebrauch sind, sollten mindestens einmal monatlich entladen und neu aufgeladen (gereinigt) werden. Doch nur die wenigsten vertragen ein Wasserbad. Die meisten Heilsteine sind als Trommelstein, Handschmeichler, Rohstein, Donut, Anhänger, Kette oder Pyramide erhältlich. Zum Entladen genügt eine Hand voll Hämatit-Trommelsteine, in die Sie die Heilsteine über Nacht legen. Aufladen können Sie die Steine am besten in einer Schale mit Bergkristall-Trommelsteinen oder in einer Bergkristallgruppe, die in der Wohnung aufgestellt zudem äußerst dekorativ aussieht.

# Hexenrituale

*Hexen arbeiten mit magischen Ritualen.*

Hexen waren schon immer die Stars unserer Fantasie, doch Sie werden kaum noch schrumplige Alte auf dem Besen um den Bocksberg fliegen sehen. Echte Hexen arbeiten mit magischen Ritualen und sollten ein paar Kenntnisse aus anderen Geisteswissenschaften besitzen (Astrologie, Magie, alternative Heilkünste, Traumdeutung, Chirologie, Tarot, Numerologie). Sie helfen Menschen in schwierigen Lebenssituationen (vor allem, wenn sie mit weißer Magie und mit Naturheilkunde arbeiten).

Wenn Sie Zeit (für den quirligen Schützen nicht selbstverständlich) für magische Rituale investieren wollen, dann sollten Sie sich in Ihrer Wohnung einen kleinen Altar dafür errichten. Er sollte nach Süden ausgerichtet sein. Für Rituale, die Ihnen mehr Ruhe und Konzentration schenken sollen, empfehlen sich hellblaue Kerzen, ein frischer Blumenstrauß oder -stock, ein Bergkristall, den Sie in der linken Hand halten, und eventuell Bilder von Wasser oder Himmel.

Setzen oder legen Sie sich vor Ihren Altar, stellen Sie Klingel und Telefon ab und atmen Sie ruhig und tief, bis Sie einen guten Entspannungszustand erreicht haben. Bekommen Sie die Gedankenflut nicht aus Ihrem Kopf, dann sagen Sie innerlich »Stopp«. In dem Moment, wo wir uns dieses Stopp befehlen, verharren wir meist mitten in der Bewegung für eine halbe Minute. Der Film, der gerade im Gehirn abläuft, reißt für kurze Zeit, und auf die Schnelle kann der Verstand keine neuen Gedanken liefern.

Wenn endlich Funkstille im Kopf herrscht, das Denken immer ruhiger geworden ist und kein Verlangen Sie von sich selbst ablenkt, dann haben Sie den Zustand einer Meditation erreicht. Jetzt können Sie Ihren aktuellen Wunsch ins Spiel bringen und um Hilfe »von oben« bitten. Wiederholen Sie diesen Wunsch – je inniger, umso wirksamer. Wenn er mit Gefühlen begleitet ist, wird Ihre Wunschenergie stärker. Sehen Sie schon vor Ihrem geistigen Auge, wie und in welcher Form dieser Wunsch erfüllt wird.

Diese und ähnliche Rituale bringen Sie wieder in Ihre Mitte. Sie werden vieles im Alltag wieder klarer und ohne falsches Urteil betrachten können. Verwenden Sie diese Rituale jedoch nur für wirklich wichtige (ernsthafte) Wünsche, denn für »Kleinkram« (»Ich wünsche mir eine schöne Halskette« o. Ä.) ist diese Energie viel zu schade, doch gottlob funktioniert sie dann meist gar nicht.

*Magische Rituale bringen Sie wieder in Ihre Mitte.*

Gute Hexen erkennt man schon am Geburtshoroskop: Oft finden sich auffällige *Venus*- oder *Mond*-Aspekte oder Planeten im vierten, achten oder zwölften Haus (alternativ im Zeichen Krebs, Skorpion oder Fische). Wer sich für gezielte Rituale interessiert, kann meine Hilfe in Anspruch nehmen. Auf jeden Fall sind Sie fast garantiert eine *Feuer-Energie*-Hexe (Ausnahme: wenn viele Planeten in Erd-, Luft- oder Wasserenergie-Häusern oder -Zeichen stehen), und da rate ich Ihnen vor jedem Ritual, sich erst einmal körperlich auszutoben. Feurige Menschen haben zu viel Energien. Dieser Überschuss sollte vorher abgebaut werden, damit Ihre Energien auf ein Ziel konzentriert sind.

Natürlich dürfen auch brennende Kerzen nicht fehlen oder Räucherungen. Hilfreich ist auch, wenn Sie während des Rituals rhythmisch in Bewegung bleiben, vor allem wenn Sie vorher keine Zeit hatten, sich körperlich auszutoben.

*Räucherungen* gehören bei Ihnen auf jeden Fall mit zum Ritual. Hier haben Sie eine große Auswahl, so z. B. von Anna Riva die Räuchermischung für den Schütze. Sie fördert Ihren Fleiß,

Ihre Rücksichtnahme, bremst allzu große Abenteuerlust und macht Sie gesundheitsbewusster. Aber es gibt auch tolle ayurvedische Räuchermischungen oder Maui-Lani-Räucherstäbchen aus Hawaii. In jedem guten Esoterikladen finden Sie eine große Auswahl davon. Wer keinen in der Nähe hat, kann sich an die Firma Magic Discount (die Adresse finden Sie im Anhang unter »Amulette«) wenden.

*Probieren Sie es zur Entspannung mal mit einem Kräutertraumkissen.*

Was halten Sie von einem »Kräutertraumkissen« nach einem hektischen Tag? Hier wirken Lavendel, weißer Salbei, Heiligkraut, Flieder, Rosenblätter, Beifuß, Kamille und Bärwurz beruhigend und ausgleichend. Die Kräuter aktivieren Ihre positiven Träume (siehe unter »Traumdeutung«) und vertreiben so manche negative Schwingung in Ihrem Umfeld.

Sind Sie an *Geistheilung* interessiert? Adressen erhalten Sie beim Dachverband Geistiges Heilen (Näheres siehe Anhang unter »Geistiges Heilen«).

# Homöopathie

Vor ca. 200 Jahren wurde die Homöopathie als die Kunst des naturgesetzmäßigen Heilens von dem Meißener Arzt Samuel Hahnemann begründet. Diese Heilkunst funktioniert nach dem Grundsatz: »Ähnliches wird durch Ähnliches geheilt!« Hahnemann erkannte, dass Krankheit nichts anderes ist als die Verstimmung des »Lebenskräftewaltens«. Etwas, das unserem Bewusstsein fehlt (»Was fehlt Ihnen denn?«), wird durch ein Krankheitszeichen zum Ausdruck gebracht. Diese fehlende Information kann uns die Homöopathie wieder geben. Da Ähnliches mit Ähnlichem und nicht Gleiches mit Gleichem geheilt wird, muss die Information, die ein Heilmittel in sich trägt, für den Patienten verfeinert werden. Hoch aufbereitet kann das Heilmittel Licht ins Dunkel bringen. Die fehlende Information wird im Bewusstsein aufgenommen und der in die Körperlichkeit gefallene Bereich wird auf eine höhere Ebene transformiert.

*Der Grundsatz der Homöopathie lautet: Ähnliches mit Ähnlichem heilen.*

Homöopathika wirken trotz ihrer hohen Verdünnung im zellmolekularen Bereich, denn sie können in unser menschliches Zentralnervensystem eintreten, ohne »anklopfen« zu müssen.
Astromedizinisch werden dem Schütze folgende Mittel zugeordnet: *Arthritis-urica-Nosode, Chelidonium, Hamamelis virginica, Hepatitits-Nosode* und *Stannum.*
Wenn Sie sich eine homöopathische Hausapotheke zulegen wollen, dann sollten Sie sich geeignete Fachbücher besorgen und dabei anfangs mit niedrigeren Potenzen arbeiten. Bei chronischen oder schweren Erkrankungen hilft nur der Gang zum Homöopathen, der das passende Konstitutionsmittel für Sie ausfindig machen kann. Wie der Schlüssel ins Schloss, so muss auch das Mittel zu Ihrem aktuellen Zustand passen.

## Indianerritual

*Rituelle Bewegungen gepaart mit richtiger Atmung geben Ihnen Energie.*

Da Sie als Schütze-Mensch der Feuerenergie zugeordnet sind, ist folgendes »Feuerritual« sehr wohltuend für Sie:

1. Atmen Sie langsam aus. Stehen Sie gerade, Beine und Füße nebeneinander, den Blick nach vorne, die Muskeln locker. Heben Sie Ihre Arme langsam nach oben und atmen Sie dabei ruhig ein. Strecken Sie Ihren ganzen Körper, Arme und Finger weit nach oben – Ihr Atem steht still. Sie spüren einen warmen Strom weißen Lichts in sich einströmen. Immer weiter strecken. Lassen Sie ganz langsam den Atem ausströmen, bis Sie das Gefühl haben, keine Luft mehr zu haben.
2. Während Sie langsam wieder einatmen, beugen Sie sich im Zeitlupentempo vorwärts, indem Sie Arme und Oberkörper nach vorne sinken lassen. Konzentrieren Sie sich auf Ihre Wirbelsäule. Spüren Sie, während Sie langsam ausatmen, wie sich jeder einzelne Wirbel nach vorne beugt. Lassen Sie den letzten Atemzug heraus, wenn Ihre Fingerspitzen den Boden berühren (oder so weit wie möglich nach unten zeigen). In dieser Phase danken Sie der Feuerenergie für ihre Kraft.
3. Heben Sie dann im Zeitlupentempo Ihren Oberkörper und Ihre Schultern an. Atmen Sie langsam ein. Beginnen Sie mit dem Ausatmen, wenn Sie beim Aufrichten an der Wirbelsäule angelangt sind. Spüren Sie die Streckung der einzelnen Wirbel.
4. Sie stehen jetzt wieder aufrecht, Arme und Hände sind nach oben gestreckt. Ihr Atem steht still. Sie fühlen die Feuerenergie in sich einströmen. Sie sind wieder beim ersten Schritt angelangt und können in der oben beschriebenen Weise fortfahren, bis Sie insgesamt viermal diese Feuerübung durchgeführt haben (Buchtipps finden Sie im Anhang).

# Moxibustion

Die Moxibustion gehört zum Therapiebereich der Akupunktur. Während die Akupunkturtherapie einen eher kühlenden und neutralen Charakter hat, besitzt ihr natürliches Pendant, die »Moxibustion« (die Erwärmung der Akupunkturpunkte mit abbrennbaren Beifußkegeln), einen wärmenden bis erhitzenden Charakter.

*Moxibustion wird vor allem bei Kälte- und Feuchtigkeitsschmerz empfohlen.*

Bei der Moxibustion handelt es sich um die klassische Methode des Abbrennens (Schütze-Menschen sind ja Feuerzeichen) des Moxakrautes (die getrockneten Blätter des Beifußes). Dieses Kraut liegt zu einem Kegel geformt auf dem Akupunkturpunkt und wird etwa bis zur Hälfte abgebrannt. Die dabei entstehende Hitze hat ähnliche Wirkung wie unsere westlichen Wärmetherapien Fango, Infrarot oder Ultraschall. Eine Moxazigarre ist ein aus Moxakraut gedrehter Glimmstängel, der an einem Ende angezündet und einem Akupunkturpunkt genähert wird.

Empfohlen wird diese Behandlung vor allem bei Kälte- und Feuchtigkeitsschmerz des Bewegungsapparates sowie bei inneren Erkrankungen, die durch Kälte oder Feuchtigkeit verursacht wurden (chronische Bronchitis, chronisches Asthma, chronische Diarrhö, Depressionen, Schwäche und Erschöpfungen).

Eine Arbeitsgruppe des 2. Medizinischen Colleges in Shanghai hat bei 54 Fällen eine individuelle Akupunktur- und Moxibustionstherapie gegen zu hohen Blutdruck vorgenommen. Nach einer 17-jährigen Beobachtungszeit wurde registriert, dass von den so behandelten Patienten nur etwa zehn Prozent einen schweren Schlaganfall erlitten, bei den unbehandelten Personen jedoch über 30 Prozent (Buchtipps und Kontaktadressen finden Sie im Anhang unter »Akupunktur« und »Moxibustion«).

## Orthomolekulare Therapie

*Der Mensch benötigt ca. 45 lebensnotwendige Nährstoffe.*

Die Orthomolekulare Medizin (= Medizin der richtigen Moleküle) ist keine Außenseitermedizin und geht auf den Biochemiker und »Vitamin-C-Papst« Linus Pauling (1901–1994) zurück. Sie bewirkt die Erhaltung guter Gesundheit und behandelt die Krankheiten durch Veränderung der Konzentration von Substanzen im menschlichen Körper. Sie basiert auf folgenden Punkten:

- Kenntnis der biochemischen Wirkung unserer Nahrung, von Umwelteinflüssen, körperfremden Substanzen sowie von so genannten Stresssituationen auf das Gleichgewicht des Mineralstoff-, Spurenelement-, Aminosäure-, Fettsäure- und Vitaminstoffwechsels.
- Deckung des Nährstoffbedarfs mittels gezielter Ernährung und Gabe von Nährstoffsupplementen. Die darin enthaltenen Mineralstoffe, Spurenelemente, Vitamine, Amino- und Fettsäuren sowie Enzyme werden zur Nahrungsergänzung oder zur Korrektur von Nährstoffungleichgewichten (z. B. bei Mangelzuständen oder erhöhten Werten) eingesetzt.

Es ist wissenschaftlich längst erwiesen, dass kein Mensch in einer so perfekten Umwelt lebt, dass für ihn alle 45 lebensnotwendigen Nährstoffe in der richtigen Menge und im richtigen Verhältnis im Organismus vorhanden sind. Den Mangel an Nährstoffen kann man im Blutserum, im Vollblut, im Urin oder Haar nachweisen. Chronische Erkrankungen entstehen oft durch eine übermäßige Bildung freier Radikale. Hier können Antioxidanzien (Vitamin A, E und C) die aggressiven Moleküle unschädlich machen. Enzyme helfen ebenfalls bei akuten und chronischen Entzündungen.

## Nährstoffergänzung bei rheumatoider Arthritis (RA)

Die RA wird durch eine Autoimmunreaktion verursacht, bei der eine abnorme Immunantwort die Gelenkknorpel angreift und schädigt. Die Knorpel schwellen an, entzünden sich und vernarben, wodurch die Gelenke dann in ihrer Beweglichkeit stark eingeschränkt werden. Meistens ist diese schmerzhafte Erkrankung chronisch und fortschreitend, mit stets zunehmenden und abnehmenden Phasen. Am häufigsten sind ältere Frauen davon betroffen. Ganz wichtig ist hier die tägliche Einnahme von 400–800 mg Vitamin E. Diese Gabe kann innerhalb von ein bis zwei Wochen die Schmerzen stark lindern. Regelmäßig eingenommen, verlangsamt oder stoppt Vitamin E die rheumatoide Arthritis. Ebenfalls sehr wichtig sind die Omega-3-Fettsäuren (1,5–2,5 g EPA in Form von Fischölkapseln), denn sie vermindern Entzündungen, Steifheit und Schmerzen. Aber auch die Pantothensäure (0,5–2 g täglich) kann Schmerzen, Steifheit und Behinderungen reduzieren. Vitamin C (1–2 g täglich) kann die Neubildung von Knorpelgewebe fördern und die Immunfunktion verstärken. Selen, Kupfer und Zink sind ebenfalls günstig, denn sie vermindern Steifheit und Schmerzen. (Wer unter Arthrose leidet, findet in dem Buch über den Steinbock einen ausführlichen Beitrag dazu mit vielen Tipps.)

*Die Einnahme von Vitamin E hilft, die Schmerzen zu lindern.*

## Nährstoffergänzung bei Lebererkrankungen

Hier ist Thiamin (Vitamin $B_1$; 25–75 mg täglich) hilfreich, denn die meisten Menschen, die unter Leberkrankheiten leiden, haben stets einen Thiaminmangel im Blut. Dies wiederum löst auch Gedächtnisstörungen aus, Stimmungsschwankungen, Aggressionen und Angstgefühle. Des Weiteren pro Tag 1–2 g Vitamin C, das den Körper bei der Entgiftung unterstützt. Ein hoch dosierter Vitamin-B-Komplex, täglich 400 mg Magnesium, 30–45 mg Zink, das ebenfalls die Entgiftungsfunktion der Leber unterstützt, sowie täglich 1–2 g Carnitin, das die Leber schützt. Carnitin ist eine Aminosäure, die eine entscheidende Rolle bei der Verbrennung von Fett zu Energie ausübt. Sie wird deshalb bei Übergewicht hilfreich eingesetzt. Sie spielt aber auch bei der Entgiftung der Leber eine große Rolle und fördert die Ausscheidung von körperfremden Substanzen und Medikamenten. Auch wer unter hohen Blutfettwerten oder einem hohen Cholesterinspiegel leidet, hat mit Carnitin eine gute Hilfe. Einnahme am besten auf nüchternen Magen!

*Wählen Sie Nährstoffe, die aus natürlichen Substanzen hergestellt wurden.*

**Wie bekomme ich die Nährstoffsupplemente?**

Einige Mediziner empfehlen die zusätzliche Einnahme wichtiger Vitamine, Mineralstoffe oder Spurenelemente – je nach persönlichem Krankheitsbild. Doch in den meisten Fällen zahlt die Krankenkasse nichts und Sie müssen diese Zusatztherapie auf eigene Kosten berappen. Sie können sich selbst mittels geeigneter Fachlektüre informieren, welche der Nährstoffe für Sie speziell günstig sind laut persönlichem Krankheitsbild. Apotheken führen ein reichhaltiges Angebot, aber auch Reformhäuser bieten Nährstoffsupplemente an. Achten Sie darauf, dass Sie Nährstoffe kaufen, die aus natürlichen Substanzen hergestellt wurden, auch wenn diese etwas teurer sind als die künstlich fabrizierten.

# Power-(Buddha-)Armbänder

Viele Prominente (Richard Gere, Madonna und viele andere) tragen mit Begeisterung schon längere Zeit diese Power- oder Buddha-Armbänder und schwören auf ihre positive Wirkung. Diese Armbänder haben ihren Ursprung bei den tibetischen Malas (Gebetsketten). Power-Armbänder werden direkt am Handgelenk und somit in Pulsnähe getragen. Durch die Kraft der Steine können sie viel bewirken (siehe auch den Abschnitt über »Heilsteine«). Traditionell werden folgende Heilsteine bei Power-Armbändern verwendet:

*Nutzen Sie die positive Wirkung der Steine.*

- *Amazonit* für mehr innere Ruhe
- *Aventurin* für Erfolg und Karriere
- *Bergkristall* für Heilkraft und mehr Stärke
- *Bilderjaspis* für mehr Verständnis
- *Calcedon* für mehr Entspannung
- *Falkenauge* gegen Ausweglosigkeit
- *Fluorit* für mehr Mut und Glauben
- *Goldfluss* für mehr Gelassenheit
- *Hämatit* gegen Einsamkeit und für mehr Willenskraft
- *Howlith* (weiß) für mehr Einfallsreichtum
- *Jade* (gelb) für mehr Energie
- *Jaspis* (rot) für mehr Glück
- *Karneol* für Abwehrkraft, Liebe und Mut
- *Malachit* für mehr Einfallsreichtum
- *Perlmutt* für Geldzuwachs
- *Rhodonit* für positives Denken und als Reise-Schutzstein
- *Schneeflockenobsidian* für mehr Kraft und Selbstbewusstsein
- *Tigerauge* bei Ärger und für mehr Kreativität
- *Türkis* für mehr Geldzuwachs

Die Farben der Heil- und Edelsteine verraten auch viel über ihre Wirkung:

- *Rot* bedeutet Lebenskraft und Energie. Diese Farbe aktiviert und vitalisiert, schenkt Wärme, Kraft und Mut.
- *Rosa* ist die Farbe der Sanftheit und Zärtlichkeit. Sie verbreitet Schönheit und Harmonie.
- *Orange* wirkt immer erneuernd und belebend. Sie weckt die Freude an sinnlichen Genüssen.
- *Gelb* vermittelt Leichtigkeit und Fröhlichkeit, fördert die mentale Aktivität und Kommunikation.
- *Gold* schenkt ein Gefühl der Fülle, Glanz und lichtvolle Wärme.
- *Grün* beruhigt, harmonisiert und fördert die Regeneration.
- *Hellblau* schenkt Inspiration und das Gefühl von innerer Freiheit.
- *Dunkelblau* gibt Ruhe und Konzentration.
- *Violett* ist die Farbe der Transformation, der Spiritualität und Meditation.
- *Weiß* symbolisiert Reinheit und Vollkommenheit.
- *Braun* vermittelt das Gefühl der Verwurzelung und schenkt Standfestigkeit.
- *Schwarz* öffnet den Blick nach innen, in die Tiefen der Seele.

*Das Tragen mehrerer Armbänder gleichzeitig vermindert die Wirkung nicht.*

Sie können übrigens mehrere Armbänder gleichzeitig tragen, die in guten Esoterikläden (Magic Discount und Methusalem – Adressen siehe Anhang – führen eine große Auswahl) erhältlich sind!

# Rolfing

Rolfing ist die Kunst sanft-intensiver »Bildhauerei« mit dem lebendigen Menschen und nach der Begründerin Ida Rolf (geboren 1896) aus New York benannt. Sie war eine der ersten Frauen, die in den USA ein Doktorat in Biochemie und Physiologie erwarben. Aus ihren Studien und der praktischen Arbeit mit Menschen entwickelte sie ihre eigene Methode, körperliche und seelische Probleme zu behandeln. Als Fritz Perls, der Begründer der Gestalttherapie, sie aufforderte, ihre Methode zu lehren, begann sich Rolfing auszubreiten.

*Der Körper ist Spiegel unserer perönlichen Vergangenheit und Gegenwart.*

Anfang der 1970er-Jahre des vergangenen Jahrhunderts gründete Ida Rolf ihr eigenes Institut in Boulder, Colorado, wo sie bis zu ihrem Tod 1979 lehrte. Ihre Therapie (Ida Rolf nannte es »strukturelle Integration«) widmet sich der Wiederherstellung von Gleichgewicht und Einheit der Körperstruktur, die es dem Menschen ermöglicht, sich in gelöster und aufrechter Haltung im Gravitationsfeld der Erde zu bewegen. »Wir sind noch keine aufrechten Menschen, sondern erst auf dem Weg dorthin. Eine Aufgabe des Rolfers besteht darin, diesen Prozess zu beschleunigen. Sein Ziel ist es, den Menschen so weit zu bringen, dass die Schwerkraft positiv auf ihn wirkt, ihn aufrichtet und nicht nach unten zieht!«

Die wichtigste Beobachtung Ida Rolfs ist: Die Form des menschlichen Körpers entsteht und wandelt sich im Gravitationsfeld der Erde. Unser Körper ist ein Spiegel unserer persönlichen Vergangenheit und Gegenwart, in dem sich gefühlsmäßige und physische Verletzungen ebenso zeigen wie Lebenseinstellung oder kulturell und familiär bedingte Umgangsformen. Rolfing greift ordnend in die räumliche Beziehung der Körperabschnitte zueinander ein und versucht, das Verhältnis des ganzen Organismus zur Schwerkraft besser zu gestalten. Hier geht es auch darum, dass wir unseren Körper als Ausdruck unserer Person erleben lernen.

Die Rolfing-Methode will dem Menschen helfen, im seelisch-körperlichen Gleichgewicht mit sich selbst und seiner Umgebung zu leben. Rolfing heilt keine Krankheiten, sondern soll den Menschen wieder »ins Lot« und zu einer aufrechten Lebenshaltung bringen (körperlich, seelisch und geistig). Der Autor Brecklinghaus umschreibt das Rolfing als »eine Geburtshilfe für spontane Selbstheilungsprozesse«.

*Rolfing basiert auf der Erkenntnis, dass sich der Körperbau des Menschen wandeln lässt.*

Rolfing basiert auf der Erkenntnis, dass sich Verspannungen und Verschiebungen des menschlichen Organismus wandeln lassen, dass sich aber auch der eng mit unserer Person verbundene Körperbau, die sichtbare Struktur unserer äußeren Erscheinung, verändern lässt. Diese Veränderungsmöglichkeit liegt nicht nur in der Formbarkeit des Bindegewebes, der Sehnen und Bänder begründet, sondern ist im Zusammenhang mit der Schwerkraft zu sehen. Stehen z. B. Kopf und Nacken stark hervor, so kommt es meist zum Hohlkreuz im Lendenwirbelbereich und das Becken kippt nach vorn. Das führt dann zu Spannungen in den Beinen, weil das Gewicht auf die Außenseite der Füße verlagert ist.

Die Grundserie oder Therapie des Rolfings umfasst zehn Sitzungen von jeweils ein bis eineinhalb Stunden Dauer. Diese zehn Sitzungen folgen einer strengen »strukturellen« Logik und sind in sich abgeschlossen. Zusätzliche Sitzungen sind manchmal sinnvoll, allerdings nur in begrenzter Zahl und nach einer angemessenen Verarbeitungszeit.

Der Rolfer versucht mit seinem Klienten einen persönlichen Weg zu finden. Dieser Weg orientiert sich an zwei Aspekten unseres Lebens: einem äußeren und einem inneren. Äußerlich geht es darum, dass wir uns von der Tiefe des Körpers her aufrichten, dass wir ohne krampfhafte Anstrengung aufrecht sind, dass wir »unsere« Form finden. Innerlich geht es darum, über das körperliche Gleichgewicht, über die positive Grundordnung des Körpers im Schwerefeld der Erde einen positiven Ausdruck unserer Existenz zu finden. Der innere und der äußere Aspekt lassen sich in der praktischen Arbeit einer Rolfing-Sitzung nicht voneinander trennen: Wir sind unser Körper und somit ist der richtig verstandene Weg des Körpers zugleich ein Weg des ganzen Menschen.

*Psychische und körperliche Veränderungen geschehen nicht immer gleichzeitig.*

Sehr große Aufmerksamkeit schenkt ein Rolfer auch den Vorgängen, die sich in der Sitzung auf der Ebene des autonomen Nervensystems abspielen. Psychische und körperliche Veränderungen geschehen nicht immer gleichzeitig, sondern meist hintereinander. Rolfing ist stets ein sehr individueller Prozess: Ein Patient durchlebt einen sehr wohltuenden Verlauf; andere berichten von spannungslösendem Schmerz, wieder andere erleben Erleichterung oder meditative Ruhe.

Rolfing kann aber auch die Erkenntnis vermitteln, dass unser Körper das Tor zur Spiritualität ist. Der Rolfing-Prozess führt nicht unbedingt zur geistigen Erleuchtung, aber er stärkt unsere Beine, dorthin zu gelangen. Meist erleben Menschen nach dem Rolfing ihre geistigen Übungen (Meditation, Yoga u. Ä.) in viel größerer Tiefe und Lebendigkeit.

Diese Methode ist für Personen jeden Alters geeignet, vor allem aber für jene, die sich aus dem Gleichgewicht geraten oder chronisch verspannt fühlen, die einseitigen beruflichen Belastungen ausgesetzt sind oder die ihre Beweglichkeit und ihr Körpergefühl verbessern wollen. Adressen von ausgebildeten Rolfern in Ihrer Nähe erhalten Sie bei European Rolfing Association e. V. (Anschrift und Buchtipps siehe Anhang).

# Sauerstofftherapie

*Sauerstoff ist entscheidend für die Energiebereitstellung im Körper.*

Ein Mensch kann mehrere Wochen ohne Essen auskommen, mehrere Tage ohne Trinken, aber nur wenige Minuten ohne Sauerstoff. Für die Bereitstellung von Energie im Körper spielt Sauerstoff eine entscheidende Rolle. Bei Sauerstoffmangel kommt es zu Störungen der Stoffwechselvorgänge, der Immunabwehr und der Organdurchblutung. Dies führt zu starken Beeinträchtigungen des gesamten Organismus und zu unterschiedlichen Erkrankungen. Die nachfolgenden Sauerstofftherapieverfahren werden entweder prophylaktisch zur Gesundheitsvorsorge oder therapeutisch bei bestimmten Erkrankungen mit Erfolg angewendet.

**Sauerstoff-Mehrschritttherapie nach Ardenne**

Hier wird der Sauerstoff über eine Atemmaske eingeatmet. Gleichzeitig erfolgt ein Bewegungstraining, z. B. mit dem Fahrradergometer. Die zusätzliche Gabe von Vitaminen und Mineralstoffen beschleunigt die bessere Verwertung des Sauerstoffs. Die Ardenne-Therapie empfiehlt sich vor allem bei allgemeinem Leistungsabfall, bei geschwächtem Immunsystem, bei Konzentrationsmangel oder bei Durchblutungsstörungen. Kontraindikationen wurden keine festgestellt. Die Kosten sind meist aus eigener Tasche zu bezahlen!

**Ozon-Sauerstoff-Eigenblut-Therapie**

Bei dieser Sauerstofftherapie (oft HOT genannt) wird dem Patienten ein Viertelliter Eigenblut (oder 100–200 ml) aus der Armvene entnommen, außerhalb des Körpers mit aktiviertem Sauerstoff und Ozon durchmischt oder auch mit ultraviolettem Licht bestrahlt und dann wieder in den Körper zurückgeleitet. Diese alternative Therapie kennt die kleine und die große Blutwäsche. Kritiker wenden ein, Ozon sei ein hochgiftiges Gas und die Behandlung berge Risiken.

Befürworter weisen auf die technischen Raffinessen der Therapie hin und auf die Erfolge, denn Ozon tötet Keime ab, belebt die roten Blutkörperchen, aktiviert die immunstarken Leukozyten, festigt die Zellmembran und befreit den Sauerstoff im Zellstoffwechsel. Bewährt hat sich diese Blutwäsche bei externen Geschwüren und Hautläsionen, bei Analfisteln, bei allen chronischen Infektionen, bei arteriellen Durchblutungsstörungen (auch in Armen und Beinen), bei Infektionen mit Hepatitis B und Herpes, bei rheumatischen Erkrankungen wie Arthritis, Gonarthrose, Morbus Bechterew (Muskel- und Gelenkrheumatismus), bei geistigen und körperlichen Erschöpfungszuständen, bei Stoffwechselstörungen (z. B. hohe Blutfett-, Harnsäure- oder Blutzuckerwerte), bei Lebererkrankungen, Gedächtnisstörungen, Herpes, in der Zahnmedizin zur Desinfektion und Wundheilung und als unterstützende biologische Krebstherapie.

*Die Sauerstofftherapie ist für Feuerzeichen besonders geeignet.*

Nur bei Schilddrüsenüberfunktion, erst kürzlich erlebtem Herzinfarkt oder frischen Blutungen sollte man diese Therapie nicht anwenden. Doch sie setzt sich langsam immer mehr bei niedergelassenen Ärzten, Heilpraktikern, in privaten Kliniken und Sanatorien durch. In den meisten Fällen sind die Kosten aus eigener Tasche zu bezahlen. Hier sollten Sie nur einen Spezialisten aufsuchen, der mit Blutabnahme und Infusionen vertraut ist (z. B. ein Anästhesist o. Ä.), wie beispielsweise im Hyperbaren Sauerstoffzentrum in München!

### Hyperbare Sauerstofftherapie

Hier atmet der Patient 100 Prozent reinen Sauerstoff über eine Atemmaske in einem speziellen Behandlungsraum mit erhöhtem Luftdruck (einer Druckkammer) ein. Diese Behandlung erzeugt eine bessere Sauerstoffversorgung der Gewebe und zählt zur effektivsten Sauerstofftherapie. Ödeme schwellen rasch ab, das Wachstum von neuen Gefäßen, Knochenzellen und Bindegewebe wird angeregt, Bakterien und deren Giftstoffe werden eliminiert, die Blutzellen werden aktiviert für eine bessere Infektabwehr und die Durchblutung wird insgesamt positiv verbessert. Am wirkungsvollsten ist diese Therapie bei Hörsturz (Tinnitus) einzusetzen, bei schwer heilenden Wunden (diabetischer Fuß, Infektionen, Knocheninfekt, unfallbedingte Verletzungen, nach Strahlenschäden etc.), bei schweren Infektionskrankheiten (wie z. B. Gasbrand), bei chronischer Migräne, nach einem Tauchunfall oder bei Rauchgasvergiftung.

*Die Hyperbare Sauerstofftherapie ist bei einem Hörsturz sehr zu empfehlen.*

Nicht anzuwenden ist die Therapie in der Schwangerschaft, bei Erkrankungen der Ohren mit Tubenbelüftungsstörungen, bei epileptischen Krampfleiden, bei schwerem Asthma bronchiale, bei Platzangst, bei anstehenden Lungenoperationen oder -verletzungen und bei ausgeprägten Herzrhythmusstörungen mit langsamem Herzschlag. In vielen Fällen werden diese Behandlungskosten von den Krankenkassen übernommen. (Kontaktadressen finden Sie im Anhang des Buches.)

# Shiatsu

Östliche Heilmethoden wirken ganz besonders stark auf die beiden Tierkreiszeichen Skorpion und Schütze. Shiatsu, die sehr alte und gleichzeitig sehr junge Heilmethode aus Japan, verbindet jahrtausendealte Techniken der traditionellen Akupressur mit modernen, auch westlichen Massagetechniken. Das Zen-Shiatsu-Masunagas arbeitet vor allem mit den Meridianen des Körpers, jenen Strömen der Lebensenergie, deren Behandlung seit Jahrtausenden die Grundlage der Akupunktur und Akupressur ist. Die Meridiane bilden an der Oberfläche und in der Tiefe des Körpers ein weit verzweigtes und vernetztes System von Energiekanälen. Sie führen die Lebensenergie zu allen Organen, in jede Körperzelle.

*Durch eine Shiatsu-Massage können Energieblockaden im Körper gelöst werden.*

An der Hautoberfläche sind die Meridiane für unsere Hände direkt erreichbar. Das ist die Grundlage für Shiatsu, doch die Akupunkturpunkte der Chinesen spielen hier keine Rolle. Mit Shiatsu wird die Behandlung des ganzen Meridians erreicht, um den Fluss der Lebenskraft zu unterstützen. Nun finden sich vielerorts in unserem Körper Stagnationen. Das ist ganz normal und bedeutet nicht gleich Krankheit. Jeder Mensch hat gewissermaßen sein Stagnationsmuster, das als Ausdruck seiner Persönlichkeit angesehen werden kann. Wenn allerdings Krankheit sich entwickeln sollte, dann wird sie sich genau in diesen Punkten zeigen.

Shiatsu dient einerseits der Aufrechterhaltung von Gesundheit und Lebensfreude, ist aber auch eine Methode zur Behandlung von Krankheit und Linderung von Leiden. Shiatsu kann hilfreich eingesetzt werden bei akuten Kopf- oder Rückenschmerzen, bei Menstruationsproblemen, bei allen Funktionsstörungen des Bewegungsapparates, Magenproblemen, bei chronischer Müdigkeit, innerer Unruhe oder Nervosität. Regelmäßiges Shiatsu kann, zusammen mit einer bewussten Lebensführung, dazu beitragen, chronische und schwere Krankheiten zu lindern, sie verständlich und damit fruchtbar oder gar überflüssig zu machen. Bei allen chronischen Krankheiten wirkt Shiatsu sehr gut als Umstimmungstherapie.

*Stimulieren Sie mit der Shiatsu-Technik Ihren Lebensenergiestrom.*

Diese Methode bietet viele faszinierende Techniken, um den Lebensenergie-(japanisch: Ki-)Strom zu stimulieren. Drücken Sie einmal mit dem Handballen oder dem Daumen an eine Stelle des Körpers. Sinken Sie für einen Augenblick in die Tiefe dieses Punktes ein. All dies soll ohne Anstrengung geschehen. Sie suchen nichts und wollen nichts erreichen. Sie sind einfach nur da und erleben sich selbst. So wird Shiatsu auch zur Meditation eingesetzt und empfohlen.

Eine wesentliche Rolle bei der Beziehung zwischen Therapeuten und Patienten spielt hier das *Hara.* Das ist jene Körperzone, die unterhalb des Bauchnabels liegt. Im Hara zu sein, heißt, in der Mitte zu sein, und auch der Therapeut sollte sich während seiner Behandlung dort befinden. Der gezielte manuelle Druck auf die Muskulatur in Harmonie mit der Atmung des Patienten, das Ziehen, Drehen und Dehnen der Gelenke regt den Stoffwechsel an, durchblutet und durchbricht die Kette der Verspannungs-Schmerz-Fehlhaltung. Da Muskeln Groll und Wut speichern können und Emotionen verkapseln (Muskelpanzer, siehe »Orgontherapie« bei Zwillinge, Waage und Wassermann), bringt Shiatsu starke, aber heilsame Gefühlsausbrüche hervor.

Wenn Sie Shiatsu lernen, werden Sie recht bald mit sich selbst konfrontiert sein. Sie bemerken vorhandene Knoten im eigenen Energiestrom, registrieren das Festhalten an vielen Stellen Ihres Körpers, Ihrer Gefühle und Gedanken. Jeder Entwicklungsschritt im Shiatsu wird zu einem persönlichen Entwicklungsschritt des Lernenden. Doch es ist gerade die Freude an Shiatsu, die Mut macht und die Motivation gibt, an sich selbst weiterzuarbeiten. Shiatsu ähnelt hier anderen traditionellen fernöstlichen Disziplinen wie z. B. dem Tai-Chi, der Kunst des Bogenschießens, der Teezeremonie und ähnlichen Techniken. Wer sich dafür interessiert, sollte an einem Workshop teilnehmen. Mit guten Grundkenntnissen ausgerüstet kann man einige Tipps aus dem Shiatsu später sowohl zur Eigentherapie nutzen als auch in der partnerschaftlichen Behandlung, und das dürfte Ihnen als Schütze durchaus Spaß machen. (Buchtipps und Kontaktadresse finden Sie im Anhang.)

*Shiatsu kann auch in Eigentherapie angewendet werden.*

## Tarot

*Die Karten können neue Wege weisen.*

Kennen Sie schon die Tarotkarten? Ein schönes Hobby, das Sie leicht selbst erlernen und praktizieren können. Über den Ursprung des Tarots scheiden sich die Geister. Einige glauben, es habe sich aus den Schafgarbenstängeln des chinesischen *I Ging* entwickelt; andere meinen, sein Ursprung sei im Buch *Thot* zu finden. Wieder andere sagen, dass Tarot im alten Ägypten entstanden und im 14. Jahrhundert von den Zigeunern nach Europa gebracht worden sei. Wie dem auch sei, Sie können die Tarotkarten einerseits zum Wahrsagen benutzen, doch Sie können sie auch, vor allem die *Großen Arkanen,* als Weg zur spirituellen Entwicklung für sich verwenden.
Wer sich für Tarot interessiert, braucht nicht unbedingt einen Kurs zu besuchen. Ein gutes Buch für Anfänger samt der Karten und etwas Zeit und Interesse genügen. Nach astrologischer Überlieferung ist dem Schütze-Geborenen die Karte *IX: Der Eremit* zugeordnet; nach kabbalistischer Überlieferung die Karte *XIV: Die Mäßigkeit.* Das beste Tarotdeck, das ich dem Schütze empfehlen kann: *Osho Zen Tarot* (Bezugsquellen finden Sie im Anhang).

# Tibetische Heilkunst

Vor allem die Tierkreiszeichen Skorpion und Schütze sprechen sehr gut auf östliche Heilmethoden wie die tibetische Medizin an. Tibet galt schon immer als Land der Medizin und der Heilpflanzen, und so verwundert es nicht, dass die tibetische Medizin zu den ältesten Medizinsystemen der Welt zählt und seit Jahrhunderten existiert. Sie ist eine ganzheitliche Therapie, die das Gleichgewicht der Kräfte im Körper anstrebt. Sie sieht den Menschen als Teil der Natur, in der die Pflanzenwelt, die Tierwelt und die Landschaft, das Klima und die Jahreszeiten mit der Welt des Menschen eine Einheit bilden.

*In der tibetischen Medizin wird der Mensch als Teil der Natur betrachtet.*

Diese enge Beziehung zwischen Natur und Mensch spiegelt sich in der tibetischen Medizin in der Lehre der fünf Elemente wider. Die fünf Elemente Feuer, Wasser, Erde, Luft und Raum haben nach tibetischer Anschauung bestimmte Wirkkräfte oder Qualitäten, die mit ihren physikalischen Eigenschaften zusammenhängen. Sie manifestieren sich auch im menschlichen Körper, wo sie als drei Prinzipien (Körper, Geist und Seele) in Erscheinung treten. Die Ursache jeglicher Krankheit wird in der tibetischen Medizin auf das Ungleichgewicht der drei Körperenergien zurückgeführt. Die wichtigsten Faktoren sind:

- falsches Verhalten,
- falsche Ernährung,
- fehlende Anpassung an Klima und Umwelt.

Tibetische Heiler arbeiten erfolgreich mit der Pulsdiagnose. Um die vielen unterschiedlichen Pulse analysieren zu können, bedarf es einer mehrjährigen Erfahrung. Ein weiterer Bestandteil der Diagnose ist die Beobachtung und Befragung des Patienten. Unterstützend werden auch Urinanalyse,

*Die Ursache jeglicher Krankheit wird in der tibetischen Heilkunde auf das Ungleichgewicht der drei Körperenergien zurückgeführt.*

Augen- und Zungendiagnose eingesetzt. Die Heilmittel der tibetischen Medizin zeichnen sich durch eine große Vielfalt aus; es werden z. B. getrocknete Teile von Pflanzen, Harze, Säfte, Destillate, Mineralien und anorganische Stoffe verwendet. *Padma 28* ist ein solches tibetisches Arzneimittel, das auch bei uns erhältlich ist. Dieses Medikament wird von der Schweiz auf ärztliche Verordnung nach Deutschland importiert. Es handelt sich um Tabletten, die 22 Drogen enthalten. Als Anwendung werden im »Schweizer Arzneimittelkompendium 1998« angeführt: Ameisenlaufen, Schwere- und Spannungsgefühl in den Beinen und Armen, Einschlafen von Händen und Füßen sowie Wadenkrämpfe. Padma 28 wurde in einigen klinischen Studien bei Patienten mit peripherer arterieller Verschlusskrankheit geprüft. Dabei konnten die schmerzfreien Gehstrecken signifikant verlängert werden. Unerwünschte Nebenwirkungen wurden nicht berichtet, schreibt die Arzneimittelkommission der Deutschen Apotheker.

Die tibetische Medizin wird in der westlichen Heilkunde vorwiegend bei den folgenden Krankheitsgruppen sehr erfolgreich eingesetzt: bei durch verhärtete Arterien (Arteriosklerose) hervorgerufene Herz- und Gefäßerkrankungen, bei allgemeinen Durchblutungsstörungen, bei Verdauungsproblemen wie Verstopfung, Blähungen etc., bei immunologisch bedingten Krankheiten, bei chronischen Erkrankungen, bei chronischen Muskel- und Gelenkschmerzen, bei chronischen Kopfschmerzen, bei Migräne, bei chronischen Entzündungen oder Schlafstörungen.

# Traumdeutung

Wir pflegen alle täglich unseren Körper, waschen und ernähren ihn, doch um unsere Seele kümmern wir uns meist nur in Krisenzeiten. Um die Seele dauerhaft gesund zu erhalten, ist es ganz wichtig, die nächtlichen Traumerlebnisse möglichst bald nach ihrem Auftreten zu deuten, damit sich kein innerer »Stau« bilden kann. Wesentliche Impulse, die unser Denken, Fühlen und Handeln bestimmen, stammen aus dem unbewussten Bereich, in den wir alle Enttäuschungen, negativen Gefühle und schlechten Erfahrungen verdrängen. Verdrängte Gefühle erzeugen jedoch Ängste, Vorurteile und Krankheiten oder bestimmen unbewusst Denken und Handeln. Wenn wir nichts über unser Unbewusstes wissen, dann werden wir keine Selbsterkenntnis erlangen. Und wer keine Selbsterkenntnis besitzt, wird ein wesentliches Grundbedürfnis niemals befriedigen können: die *Selbstverwirklichung*!

*Träume sind Botschaften der Seele.*

Träumen Sie beispielsweise von einem *Elefanten,* dann steht dieses Tier symbolisch für Ihre erdhafte Natur, die geduldig Lasten trägt. Es zeigt aber auch Ihre vom Geist beherrschte Sexualität an. Womöglich will der Elefant auch andeuten, dass Sie stark genug sind, um mit allen auftauchenden Hindernissen im Leben fertig zu werden. Er warnt Sie nur, wenn Sie momentan allzu dickhäutig vorgehen und sich dabei »wie ein Elefant im Porzellanladen« aufführen. Dann sollten Sie mehr Feingefühl entwickeln. In Frauenträumen ist der Elefant ein Symbol für die männliche Stärke. Er ist ein Vorbote für berufliches Glück und Erfolg, kann aber auch – je nach restlicher Traumhandlung – zum Warner werden, sich nicht rücksichtslos zu verhalten. Reiten Sie im Traum auf einem Elefanten, dann verheißt dies Glück in der Ehe oder eine neue Bekanntschaft. Sehen Sie Elefanten im Zirkus, werden Sie sich mit Ihrer Angeberei demnächst jedoch nur lächerlich machen.

Träumen Sie von einem *Schwan,* dann zeigt dieser Ihre seelischen Gefühle auf, die von anderen entweder nicht verstanden oder nicht erwidert werden, vor allem wenn der Schwan im Traum ganz alleine erscheint. Sehen Sie dagegen Schwäne im Traum, sind diese ein sehr glückliches Zeichen für eine gute Ehe und viel häusliche Harmonie. Hören Sie im Traum einen Schwanengesang, kündigt sich dadurch manchmal Trauer oder ein Todesfall in Ihrer Umgebung an. Füttern Sie im Traum Schwäne, dann werden Sie einen Menschen finden, der Ihnen Ihr ganzes Leben lang ein treuer Kamerad sein wird!

*Träume können wichtige Zukunftsvisionen enthalten.*

*Ein Tipp:* Sie können das eigene Traumleben am besten wieder aktivieren, indem Sie eine grundsätzlich freudige Erwartungshaltung einnehmen. Sie dürfen gespannt sein, was Ihnen Ihre Seele alles mitzuteilen hat. Wer sich an seine Traumbilder nicht mehr erinnern kann, dem kann mit Vitamin $B_6$ geholfen werden. Und wer Bach-Blüten einnimmt, wird bald eine Aktivierung des Traumlebens bemerken. Legen Sie sich vorsichtshalber Stift und Papier auf das Nachtkästchen und notieren Sie gleich nach dem Traum einige Stichpunkte daraus. Sie werden sehen: Am nächsten Tag steigt die Erinnerung daran wieder ganz auf und Sie können sich mithilfe eines guten Traumlexikons an die Deutung machen!

# Vitalsonne

Der feurige Schütze-Mensch reagiert sehr positiv auf Licht- und Wärmebestrahlungen aller Art. Ein Leben ohne Sonne ist für uns Menschen undenkbar. Sie steigert unser allgemeines Lebensgefühl, unsere Spannkraft und Leistungsfähigkeit. Wohl dosiert ist sie außerdem ein wichtiges Mittel zur Gesundheits- und Schönheitspflege.

*Da Ihre Sonne in einem Feuerzeichen steht, sprechen Sie besonders auf die Vitalsonne an.*

Die Vitalsonne wurde nach dem Vorbild der Sonne gebaut: kurz- und mittelwelliges Infrarot, sichtbares Licht, mittel- und langwelliges Ultraviolett. Die kombinierte therapeutische Wirkung der ultravioletten und infraroten Sonnenstrahlung ist vielfältig:

- Das vegetative Nervensystem wird ausgleichend beeinflusst; Arbeits- und Energiestoffwechsel werden verbessert, die Leistungsfähigkeit wird erhöht.
- Der Organismus kann bakterielle und Virusinfektionen leichter abwehren, denn die Sonne aktiviert unser immunbiologisches Abwehrsystem.
- Die verbesserte Gewebedurchblutung und Wärmeregulierung ermöglicht einen schnelleren Abbau von Stoffwechselschlacken.
- Durch die Bestrahlung wird antirachitisches Vitamin D gebildet (auch wichtig bei Osteoporose).
- Die besser durchblutete Haut wird elastischer und straffer, da die Zellteilung angeregt wird. Zusätzlicher kosmetischer Effekt durch das langwellige UV-A in Verbindung mit dem pigmentbildenden UV-B bräunt die Haut auf natürliche Weise.
- Die heilende Kraft der Sonne ist seit langem bekannt. Beste Erfolge wurden auch verzeichnet bei unreiner Haut,

Psoriasis und anderen Hautkrankheiten, im Frühstadium einer Virusinfektion, zur Steigerung unserer Abwehrkräfte und zur allgemeinen Leistungssteigerung!

*Regelmäßige und maßvolle Besonnung ist am günstigsten.*

Die Besonnung (ein- bis zweimal pro Woche) sollte am Anfang zwischen fünf und acht Minuten liegen und dann langsam ausgedehnt werden (höchstens auf 20 Minuten). Günstiger Nebeneffekt im Winter: Die Neigung zu Melancholie oder der typischen »Winterdepression« verringert sich enorm (Kontaktadressen finden Sie im Anhang)!

# Wasser mit heilender Energie

Ein Zuviel der feurigen Schütze-Energie kann nur durch Wasser ausgeglichen (gelöscht) werden. Deshalb ist Wasser in allen Formen für Sie sehr wichtig. Doch es gibt lebendes und krankes Wasser, harmonisch schwingendes und disharmonisches, wissendes und unwissendes Wasser. Kirchen wurden z. B. sehr oft über oder neben heilendem und heiligem Wasser gebaut. Heilendes, rechtsdrehendes Wasser regt auch die Pflanzen zu größerem Wachstum an.

*Trinken Sie täglich mindestens zwei Liter Wasser.*

Unser menschlicher Körper besteht zum Großteil aus Wasser. Und ohne Wasser können wir nicht überleben. Doch es gibt große Unterschiede in der Qualität des Trinkwassers. Die meisten Menschen löschen ihren Durst ohnehin nur selten an der Wasserleitung in der Küche, sondern trinken Mineralwasser. Doch auch hier ist das Angebot mehr als verwirrend. Im Laufe meines Lebens habe ich zu den schon bekannten (Volvic, Spa, Plose und Haderheckwasser) noch zwei Wässer gefunden, die erstaunliche Heilwirkungen bei Dauergebrauch erzielten:

**Das Bernadett-Hechtl-Sauerstoffwasser**

Die Firma Herrnbräu hat ein Wasser im Handel, das mit rein natürlichem Sauerstoff versetzt wird. Auskunft über bundesweite Bezugsquellen in Ihrer Nähe (in Bayern meistens bei der Firma Orterer-Getränkehandel erhältlich) erteilt die Firma Herrnbräu Bürgerliches Brauhaus AG (Adresse siehe Anhang).

**Das Grander-Wasser**

Johann Grander entwickelte eine Technologie zur Wasserbelebung. Wasser hat eine besondere Kraft, die durch Umwelteinflüsse und den Transport in Druckleitungen verloren geht.

*Reines Wasser ist zur Entgiftung des Körpers unerlässlich.*

Durch den Kontakt mit Grander-Informationswasser kann es die eigene Urkraft und Ordnung wieder aufbauen, sich regenerieren und sein Selbstreinigungsvermögen stärken. Das auf diese Weise belebte Wasser entwickelt Eigenschaften, die in der Natur selbst nur noch wenige Wässer aufweisen. Die Belebung erfolgt durch Geräte, die mit Informationswasser gefüllt sind und entweder in die Wasserleitung eingebaut oder direkt ins Wasser getaucht werden. (Auskunft über Bezugsquellen erhalten Sie im Anhang.)

# Wohlfühltag(e)

Als Schütze-Persönlichkeit besitzen Sie viel feurige Energie. Ihr Körper produziert mehr und schneller das Hormon Adrenalin als andere Menschen. Zudem fühlen sich kleine Fettpolster bei Ihnen sehr wohl. Zu viel von beidem ist leider ungesund. Man kann es nur durch Sport und Bewegung wieder abbauen.

*Sie benötigen ein ausgewogenes Verhältnis aller vier Elemente, um ausgeglichen zu sein.*

Um unser körperlich-geistig-seelisches Gleichgewicht auf die Dauer zu finden oder dieses zu aktivieren, brauchen wir alle vier Elemente: Wir sollten uns aktiv bewegen *(Feuer)* und wir sollten uns einige Stunden an der frischen Luft aufhalten *(Luft).* Dazu wäre es sehr empfehlenswert, auf natürlichem Boden – keinem Asphalt – zu gehen *(Erde),* und wir sollten uns reinigen und entspannen *(Wasser).*

Wer das in sein Tagesprogramm mit einbauen kann, stärkt seine körperliche, geistige und seelische Vitalität. Immer neue Studien und Statistiken beweisen, dass an der Astrologie bzw. an den Tierkreiszeichen doch was dran sein muss. So veröffentlichte z. B. die seriöse »Financial Times« eine Liste der erfolgreichsten Financiers Großbritanniens, alle nach Tierkreiszeichen geordnet. Raten Sie mal, wer den ersten Platz der Millionäre einnahm: die *Stiere*!

Unter den Bankrotteuren sind am auffälligsten (es tut mir Leid) die Schütze-Menschen, doch dies brauchen Sie ja nicht nachzumachen. Amerikanische Autoversicherer haben die Unfallhäufigkeit ihrer Klienten astrologisch untersucht. Das Ergebnis: *Steinbock* und *Jungfrau* fahren am sichersten. Beim *Widder* kracht's am häufigsten, der Schütze liegt im mittleren Bereich. Selbst der Alt-Playboy Gunter Sachs (Skorpion) hat Heiratskandidaten, Scheidungen, Krankheiten, Studien, Berufe, Straftaten und das Verhalten beim Autofahren bei allen zwölf Tierkreiszeichen durchleuchtet (»Die Akte Astrologie«). Auch wenn man die olympischen Statistiken nach Tierkreiszeichen untersucht und die Siegerlisten großer Sportverbände durchforstet, wird man Interessantes finden. Welche Fitness- oder Sportart ist astrologisch gesehen nun für Sie am besten? Als Schütze-Persönlichkeit waren Sie schon in jungen Jahren irgendwie sportlich. Sie konnten kaum stillsitzen, sind des Öfteren ausgerissen oder waren im Stuhlwippen sicherlich ein Spitzenreiter. Diese innere Unruhe ist auch der Hauptgrund, weshalb Sie Sport treiben. Sie suchen und brauchen einfach Bewegung, denn Ihre quirligen Energien halten Sie nicht länger auf einer Stelle. Das kann anderen ganz schön auf die Nerven gehen. Also nichts wie hin zum Sportplatz oder zum Verein. Was halten Sie z. B. vom Speer- oder Diskuswerfen? Statistisch gesehen sind Sie auch beim Bogenschießen und beim Hindernisreiten ganz vorne. Da wäre natürlich Reitunterricht passend, doch bitte nicht, wenn Sie dadurch in Konkurs gehen!

*Ihre innere Unruhe treibt Sie an, Sport zu treiben.*

Bei allen sportlichen Meisterschaften, bei Olympiaden oder Sportfesten trifft man auf viele Schütze-Geborene. Sie erklimmen zwar höchst selten das Siegertreppchen (Monica Seles, 2.12.1973 war schon drauf), doch das löst gottlob keine stärkere Depression bei ihnen aus. Schützen beginnen zwar alles sehr enthusiastisch, doch nach kurzer Zeit flacht dieses Gefühl einfach ab. Sie fangen viel an, halten eine Sportart aber nicht immer lebenslang durch.

»Dran bleiben bis zum Ende« ist nicht Ihre Devise. Na, ist ja egal, Hauptsache, Sie toben sich körperlich aus. Also rein ins nächste Fitnessstudio oder ein bisschen Tai-Chi und Qi Gong (siehe Abschnitt »Fitness«). Der beste sportliche Tipp, den ich einem jungen Schütze-Geborenen liefern kann, wäre jahrelanges Globetrotting durch die Welt, möglichst mit dem Scheck-

buch von Papa, Oma oder Onkel Luis. Dieses Wohlfühlprogramm würde auch den älteren Schütze-Geborenen gut tun.
Wenn Sie Ihre Feuerenergie mit Sport kräftig abgebaut haben, auch noch zu Fuß unterwegs waren (Erde) oder den Sport im Freien ausgeübt haben (Luft), dann fehlt jetzt eigentlich nur noch das Entspannungsprogramm *Wasser*. Stellen Sie sich unter die Fluten Ihrer Duschkabine oder tauchen Sie ganz ein im herrlichen Schaumbad oder im Schwimmbad. Und halten Sie das mal länger durch als fünf Minuten, denn erst nach 30 Minuten Bewegung tritt der therapeutische Effekt positiv ein.

*Hauptsache, Sie toben sich körperlich aus!*

Das Wichtigste ist jedoch, Ihre Seele gesund zu erhalten, denn vor allem die Schmerzen in der Seele werden sich irgendwann körperlich bemerkbar machen.
Wenn Sie das Glück einer behüteten Kindheit hatten, dann bestehen schon große Chancen, das Leben mit all seinen Hürden gut zu meistern. Am häufigsten und schwersten werden vor allem jene Menschen krank (das beweisen immer wieder eingehende Untersuchungen), die eine schwierige Kindheit erlebt haben oder die seelisch sehr oft tief verletzt worden sind. Schätzen Sie sich deshalb glücklich, wenn andere Menschen Sie lieben, wenn Ihre Familie zu Ihnen hält und Sie unterstützt, wenn Sie lieben können und selbst geliebt werden. Pflegen Sie Ihren Kontakt zu wichtigen Bezugspersonen, das ist Ihre größte »Lebensversicherung gegen jede Krankheit«.
Krankheit zwingt uns Menschen immer dazu, sich selbst Gutes zu tun und sich endlich mal wichtig zu nehmen. Machen Sie das jetzt schon, das erfreut Körper, Geist und Seele.
Noch ein Tipp: Suchen Sie nach guten Adressen für eine Familienaufstellung? Dann fragen Sie Margit Hoffmann vom »Brennpunkt neue Erde« (Adresse siehe Anhang).

# Zahlenmagie

*Menschen, denen die Zahl 3 zugeordnet wird, stehen für Optimismus und Expansion.*

Die 3 ist eine Symbolzahl des Planeten *Jupiter*. Die Zahl 3 ist zuständig für Idealismus und Optimismus, für Expansion in jeder Form, für geistige Weiterbildung, Reisen und Religiosität. Außerdem ist sie Symbol der heiligen Trinität von Körper, Geist und Seele. Die 3 wird in der Astrologie dem Tierkreiszeichen Schütze zugeordnet. Deshalb ist diese Zahl für alle Schütze-Menschen eine Glückszahl, aber auch für jene Menschen, die ihren Aszendenten oder andere Planeten im Schütze-Zeichen oder im neunten Haus haben oder deren Geburtshoroskop auffällige Aspekte des *Jupiter* zeigt!
Die Zahl 3 tritt in Kraft, wenn Sie am 3. eines Monats geboren sind (Geburtstag) oder wenn Ihre ein- oder zweistellige Namens- oder Geburtszahl auf die 3 reduziert werden kann.

**Ihre Persönlichkeit**
3er-Menschen sind meistens stark in ihrem Auftreten, denn sie gelten als extrovertiert. Sie haben oft schon in jungen Jahren Gelegenheit zu heiraten, doch bei der Auswahl des Partners ist besondere Vorsicht nötig. Sie sollten nicht blindlings in eine Ehe hineintappen.
Als 3er-Persönlichkeit suchen Sie nach der Wahrheit in allem. Sie besitzen sehr viele oder hohe Ideale (in der Liebe, im Beruf, in einer Religion oder in der Freundschaft) und erkennen Lügen oder Täuschungen anderer schon von weitem.
Die meisten 3er-Menschen setzen sich leidenschaftlich und intensiv für ihre Unabhängigkeit und Freiheit ein. Sie wollen sich frei ausdrücken, sich frei bewegen und nicht von anderen dabei eingeschränkt werden.
Der Ehrgeiz ist bei Ihnen ähnlich stark vorhanden wie bei den

1er-Menschen. So fühlen Sie sich in untergeordneten Berufen höchst unwohl und streben nach einer höheren Karriere. Sie haben auch die Möglichkeit, sich aus kleinen Verhältnissen nach oben zu arbeiten. In Behörden, Ämtern, in allen kaufmännischen und juristischen Berufen sind viele 3er zu finden.

Das Reisen kann in Ihrem Leben auch eine große Rolle spielen, weil Sie sich danach sehnen, mit anderen Menschen zusammenzukommen und die Welt besser kennen zu lernen. Jedes neue Land, jede neue Kultur verkörpert für Sie eine neue intellektuelle Theorie, eine andere, für Sie höchst interessante Ideologie und Philosophie. So kann auch die Religion zu einer wichtigen Suche nach Wahrheit für Sie werden. Dies trifft sowohl zu, wenn Sie sich fanatisch für eine religiöse Richtung einsetzen, aber auch wenn Sie erbittert gegen eine religiöse Anschauung ankämpfen. Ihre Einstellung zur Religion ist niemals schlicht oder neutral. Viele 3er-Menschen sind deshalb oft Nonne, Priester, Rabbi, Mönch – oder leidenschaftlicher Gegner aller Religionen.

*Sie streben nach einer höheren Karriere.*

Meistens sind Sie der geborene Optimist und wollen das Leben gerne von der heiteren Seite sehen. Ihre Begeisterungsfähigkeit und Ihr tiefer Glaube an den guten Ausgang einer Sache stecken andere förmlich an. Auch körperliche Herausforderungen machen Ihnen viel Spaß. Deshalb kann das sportliche Hobby eine wichtige Lebensbasis für Sie sein. Einige Kraftproben machen Ihnen vor allen Dingen in jungen Jahren viel Freude. Sie helfen gerne benachteiligten Menschen und setzen sich genauso vehement für arme Tiere ein, die unter unwürdigen Verhältnissen leben müssen.

Ein Nachteil, der bei manchem Zeitgenossen nicht so gut ankommt, ist Ihre extreme Offenheit. Sie überlegen nicht lange, wie Sie einen Satz formulieren, sondern äußern manch-

mal sogar übertrieben ehrlich Ihre Meinung. Ihre Rede ist schockierend freimütig und bisweilen sogar taktlos.
Einige 3er neigen auch zur Arroganz, doch vergessen Sie dabei nie: »Arroganz ist stets das Selbstbewusstsein eines Minderwertigkeitskomplexes!«
Manche Ihrer Träume könnten Sie verwirklichen. Einige davon sollten Sie aussortieren, vor allem wenn diese Ziele und Wünsche zu oberflächlich oder gar lächerlich sind.

*3er-Menschen stellen eine Mischung aus übermütigem Clown und weisem Philosophen dar.*

Als 3er lieben Sie das Risiko und Wagnis, das kann von den Glücksspielen bis ins Kasino reichen, doch Sie sollten nur mit Ihren persönlichen Glückszahlen spielen, die sich aus Namen und Geburtsdaten ergeben (siehe das Buch »Zahlenmagie – Ihre persönlichen Glückszahlen«). Auch an der Börse werden Sie öfters oder gerne spekulieren.
Irgendwie steckt eine Mischung vom übermütigen Clown bis zum weisen Philosophen in Ihnen, doch meistens verstrahlen Sie sehr viel innere Sonne. Auch später sollten Sie ständig daran arbeiten, Ihr Wissen auszuweiten, denn sonst werden Sie unglücklich. Viele gute Rechtsanwälte oder Staatsanwälte sind typische 3er-Menschen, denn *Jupiter* ist ihr Herrscher und der ist auch für Recht und Gesetz zuständig. Buchtipps zur »Zahlenmagie« finden Sie im Anhang, doch auch im folgenden Kapitel kommen Sie noch mal »auf Ihre Kosten«.

# Zukunft: Ihr persönliches Jahresschicksal

»Alles hat seine Stunde,
und es gibt eine Zeit für jedes Vorhaben
unter dem Himmel ...«

(DAS BUCH PREDIGER, KAP. 3, V. 1)

Der Ursprung der Zahlen ist relativ unbekannt, doch es steht fest, dass schon Hermes Toth *(Merkur)* vor vielen Äonen, ja schon vor Atlantis sehr viel über sie gewusst hatte. Die alten Chaldäer, Ägypter, Hindu, Essener und auch die Weisen der arabischen Welt waren Meister in der Erkenntnis um die verborgene Bedeutung der Zahlen. Einige dieser Erleuchteten entdeckten, dass die Bewegung der Erdachse um den Pol der Ekliptik nur alle 25 850 Jahre stattfinden kann. Man wundert sich noch heute, wie sie diese Berechnungen ohne Instrumente mit derartiger Genauigkeit durchführen konnten. Manche Dinge auf dieser Welt wird man nicht enträtseln können. Man muss sie einfach akzeptieren in der Gewissheit, dass sich die Antworten zur rechten Zeit schon einstellen werden.

*Astrologie und Numerologie liefern nützliche Hinweise bei der Erforschung Ihrer Persönlichkeit.*

Mithilfe der *Numerologie* (das chaldäisch-hebräische kabbalistische numerische Alphabet) können Sie relativ schnell Ihr persönliches Jahresschicksal errechnen. Obwohl Astrologie und Numerologie eng miteinander verbunden sind, ist die Astrologie doch Königin der Geheimwissenschaften und kann noch viel detaillierter als die Numerologie Auskunft über günstige Zeitqualitäten, Wachstumsmöglichkeiten oder schwierige Entwicklungen geben. Aber das kostet Zeit und Geld.

Zwar gibt es schon längst preisgünstige Computer-Software, die astrologische Jahresanalysen erstellen können, doch ein Computer ist natürlich eine Maschine und kann den Menschen hinter dem Geburtsdatum nicht als ganze Persönlichkeit erfassen.

Falls Sie sich tiefer mit der Materie beschäftigen wollen, als es mit einem Computer möglich ist, dann sollten Sie einen seriösen und guten Astrologen aufsuchen. Fragen Sie diesen ruhig, wie und wo er sein Studium abgeschlossen hat und wie lange er schon praktiziert. Nur so können Sie sich von allen unseriösen Beratern abgrenzen. Ein guter Astrologe muss eigentlich keine Zeitungsinserate schalten. Er lebt von Stammkunden und deren Empfehlung. Fallen Sie nicht auf die »Multigenies« herein, die überall inserieren: Astrologie, Kartenlesen, Magie, Handlesen und vieles mehr. Derartige Berater müssten eigentlich so um die 80 sein, wenn sie all diese Praktiken ernsthaft studiert haben wollen. Wenn Sie Genaueres gar nicht wissen möchten oder im Moment dafür kein Geld zur Verfügung haben, dann probieren Sie doch die für Sie kostenlose und leicht zu erlernende Methode der *Numerologie* aus.

*Numerologie ist einfach zu erlernen.*

# Ihre Jahres- oder Ereigniszahl

*So können Sie Ihre aktuelle Jahres- oder Schicksalszahl errechnen.*

Sie finden Ihre aktuelle Jahres- oder Schicksalszahl, indem Sie die Jahreszahl in Ihrem Geburtsdatum durch das jeweils laufende Kalenderjahr ersetzen.
Ein Beispiel: Sie sind am 22.1.1950 geboren und möchten wissen, was das Jahr 2002 für Sie als Hauptthema bereithält. Dann addieren Sie:
22 + 1 + 2002 =
2 + 2 + 1 + 2 + 2 = 9
Jede Null wird nicht gezählt!
Lesen Sie unter »Die 9 als Jahres- oder Ereigniszahl« nach, was das Schicksal Ihnen 2002 rät!
Zweites Beispiel: Sie sind am 19.10. 1944 geboren und möchten wissen, was das Jahr 2003 für Sie bereithält. Dann addieren Sie:
19 + 10 + 2003 =
1 + 9 + 1 + 2 + 3 = 16
Lesen Sie unter »Die 16 als Jahres- oder Ereigniszahl« nach, was das Schicksal Ihnen 2003 rät.

**Die 1, 2, oder 3 als Jahres- oder Ereigniszahl**
Diese Zahlen können rein rechnerisch nicht vorkommen, denn selbst wenn Sie am 1.1. eines Jahres geboren sind, ergibt die Jahreszahl für das Jahr 2000 schon die 4, denn 1 + 1 + 2 = 4!

**Die 4 als Jahres- oder Ereigniszahl**
Kommt die 4 als Jahreszahl für Sie in Betracht, kann diese auch von einer zweistelligen Zahl (13, 22, 31 oder 40) auf eine 4 reduziert werden. Lesen Sie dann neben diesem Abschnitt auch bei der 13 oder 22 nach, falls eine dieser Zahlen für Sie zutrifft.

Als Jahreszahl ruft die 4 dazu auf, Ihre Individualität weiterzuentwickeln. Suchen Sie nach sinnvollen Reformen und Verbesserungen in Ihrer allernächsten Umgebung, doch gehen Sie dabei nicht nach altbewährten Methoden vor, sondern eher mittels ungewöhnlicher Ideen und Handlungsweisen.
Sie haben jetzt ein Gespür für kommende Entwicklungen und für Ihre eigene Zukunft. So erkennen Sie manches, was anderen noch verborgen bleibt. Das kann von tiefen Einsichten reichen bis hin zu Vorahnungen, die sich später verwirklichen.
Dabei werden Ihre Stimmungen jedoch wechseln: Mal grübeln Sie tief über aktuelle Probleme nach, mal überfällt Sie urplötzlich ein Geistesblitz und ein anderes Mal verblüffen Sie mit Ihrer witzigen und schlagfertigen Argumentation Ihre »Gegner«. Lesen Sie einmal die Biografien von ungewöhnlichen Menschen, das kann Sie inspirieren. Pflegen Sie vor allem Freundschaften zu etwas außergewöhnlichen Personen, denn auch diese inspirieren Sie dieses Jahr sehr.

*Rechnen Sie mit Veränderungen in Ihrem Leben.*

Glauben Sie an das Unmögliche, doch halten Sie sich nicht mit Luftschlössern auf, die niemals zu verwirklichen sind. Ändern Sie ein paar Ihrer alten Gewohnheiten, denn nur wer sich selbst verändert, kann auch Veränderungen in größerem Ausmaß bewirken. Wie wär's mit einer neuen Frisur, einer neuen Farbe in der Kleidung oder einem neuen Auto?
Auf keinen Fall sollten Sie sich von anderen unnötige oder unsinnige Vorschriften machen lassen; dagegen dürfen Sie sich ruhig auf liebenswürdige Weise wehren. Der Einfluss der 4 wird Sie aber auf jeden Fall überraschen: Veränderungen finden sowohl innerlich als auch äußerlich in Ihrem Leben statt und eine innere Verjüngung ebenfalls.
Die Zahl 4 kann in dem errechneten Jahr eine Glückszahl für Sie werden – oder eine Schicksalszahl. Sie ist mit dem Wesen des *Uranus* und des Tierkreiszeichens *Wassermann* verwandt!

## Die 5 als Jahres- oder Ereigniszahl

Kommt die 5 als Jahreszahl für Sie in Betracht, kann diese auch von einer zweistelligen Zahl (14, 23, 32 oder 50) auf eine 5 reduziert werden. Lesen Sie deshalb neben diesem Abschnitt auch bei der 14 oder 23 nach, wenn Sie eine dieser Zahlen errechnet haben.

*Zeigen Sie Ihre vielseitigen Begabungen.*

Zeigen Sie in diesem Jahr Ihre vielseitigen Begabungen. Sie werden Ihre Ziele jetzt am leichtesten verwirklichen können, wenn Sie Ihren starken Glauben mit Ihren starken Wünschen verbinden. In diesem Jahr werden sich wohl einige Abwechslungen in Ihrem Leben ergeben. Vielleicht ein Umzug, eine interessante Reise, eine neue partnerschaftliche Verbindung. Auch Ihre Sprachbegabung kann Ihnen dieses Jahr von Nutzen sein – oder Ihre geistige Wendigkeit.

Ihrer Aufmerksamkeit entgeht kaum etwas, doch in der Liebe sollten Sie Ihre logische Vernunft mal pausieren lassen, denn Liebe hat rein gar nichts mit Logik zu tun. Das Jahr eignet sich sehr gut für Arbeit in den Medien, im Verkauf, für Reisetätigkeit, für Beschäftigung in der Werbung, bei Verlagen, für Öffentlichkeitsarbeit oder für Arbeit am Computer. Schonen Sie Ihre Nerven, denn diese werden jetzt von vielen interessanten Dingen, Neuigkeiten und Informationen überflutet. Nüsse, Milch oder Vitamin-B-Komplex-Tabletten tun Ihnen jetzt gut, sonst erleben Sie manche schlaflose Nacht, weil Ihr Kopf einfach nicht abschalten kann. Setzen Sie Ihre gute Menschenkenntnis ein und umgeben Sie sich nicht mit den falschen Freunden oder Beratern. Auf jeden Fall werden Sie sich sehr schnell an alle neuen Situationen gewöhnen und flexibel auf jede sich bietende Veränderung reagieren können.

Wer zusätzlich eine astrologische Jahresanalyse mit seinen exakten Geburtszeitangaben (sind beim Standesamt Ihres Geburtsortes zu erfragen) in seine Planungen mit einbezieht, hat natürlich die größten Chancen, genau zum richtigen Zeitpunkt die passenden Aktionen zu starten. Umgekehrt schenkt Ihnen die Astrologie auch den klaren Überblick, zu welchen Zeiten es besser wäre, einen Gang rückwärts zu schalten, zu bremsen oder abzuwarten, denn mit ihrer Hilfe kann man die »Qualität der Zeit« berechnen, die speziell für Sie wirkt.

Die Zahl 5 kann in dem errechneten Jahr eine Glückszahl für Sie werden – oder eine Schicksalszahl. Sie ist mit dem Wesen des *Merkur* und der Tierkreiszeichen *Zwillinge* und *Jungfrau* verwandt!

*Eine astrologische Jahresanalyse zusätzlich kann hilfreich sein.*

**Die 6 als Jahres- oder Ereigniszahl**

Kommt die 6 als Jahreszahl für Sie in Betracht, kann diese auch von einer zweistelligen Zahl (15, 24, 33 oder 42) auf eine 6 reduziert werden. Lesen Sie deshalb zusätzlich unter 15 oder 24 nach, falls eine dieser beiden Zahlen auf Sie zutrifft.

In diesem Jahr sollten Sie nicht nach rein sexuellen Abenteuern suchen, sondern einer ganzheitlichen Liebe den Vorzug geben. Setzen Sie Ihr unwiderstehliches Lächeln ein – es wirkt wahre Wunder. Ihre Ausstrahlung nimmt erheblich zu und deshalb ziehen Sie einige Menschen magnetisch an. Wenn Sie nicht unter Prahlerei oder Verschwendungssucht leiden, dann haben Sie dieses Jahr die besten Möglichkeiten, sowohl die Liebe zu finden (oder eine schon vorhandene Beziehung auszubauen), aber auch Glück mit Geldangelegenheiten zu erleben und dabei noch äußerst kreativ zu sein (manchmal auch im biologischen Sinne).

Die Zahl 6 kann in dem errechneten Jahr eine Glückszahl für Sie werden – oder eine Schicksalszahl. Sie ist mit dem Wesen der *Venus* und der Tierkreiszeichen *Stier* und *Waage* verwandt!

## Die 7 als Jahres- oder Ereigniszahl

*Spezielle Talente kommen zum Vorschein.*

Kommt die 7 als Jahreszahl für Sie in Betracht, kann diese auch von einer zweistelligen Zahl (16, 25, 34 oder 43) auf eine 7 reduziert werden. Lesen Sie auch unter der 16 nach, falls Sie diese Zahl errechnet haben.

Wenn Sie dieses Jahr einen Erfolg errungen haben, sollten Sie gleich weiterarbeiten, um ihn noch auszubauen. Jetzt werden Ihre Träume intensiver oder Sie entdecken neue Geheimnisse (der Mythologie, der Esoterik oder einer Grenzwissenschaft). Sie werden vielleicht sogar einige hellseherische Erfahrungen machen, doch das meiste spielt sich dieses Jahr in Ihrem Innern ab. Möglicherweise kommen eigenartige Talente plötzlich an die Oberfläche. Stehen Sie dazu, einen etwas eigenwilligen Charakter zu entwickeln; das macht Sie umso interessanter.

Jetzt könnten Sie auch in Not geratenen Menschen helfen oder für Hilfsorganisationen und Wohlfahrtsverbände aktiv werden, doch als »seelischen Abfalleimer« sollten Sie sich nicht degradieren lassen, sonst endet dies im »hilflosen Helfer«. Hektik und Stress gehen Sie besser aus dem Weg; das vertragen Sie jetzt schlecht. Suchen Sie die Stille, die Ruhe, denn nur dann kann Bewusstsein wachsen. Das Wasser in allen Erscheinungen tut Ihnen gut (ein Urlaub am Meer, ein Spaziergang an einem See, am Bachufer ein Buch lesen u. Ä.). Aus philosophischen Einsichten oder geistigen Überlieferungen entwickeln sich jetzt in Ihnen tiefe Erkenntnisse, in welche Lebensrichtung Sie sich bewegen sollten. Achten Sie auf Ihre innere Stimme und auf Ihre Träume; auch diese schicken bedeutungsvolle Botschaften in Ihr Bewusstsein (siehe den Abschnitt über »Traumdeutung«).

Die Zahl 7 kann in dem errechneten Jahr eine Glückszahl für Sie werden – oder eine Schicksalszahl. Sie ist mit dem Wesen des *Neptun* und des Tierkreiszeichens *Fische* verwandt!

## Die 8 als Jahres- oder Ereigniszahl

Kommt die 8 als Jahreszahl für Sie in Betracht, kann diese auch von einer zweistelligen Zahl (17, 26, 35 oder 44) auf eine 8 reduziert werden. Lesen Sie auch unter der 17 nach.

Das Jahr fordert Sie auf, ein harmonisches Gleichgewicht von Körper, Geist und Seele herzustellen. Es ist keine Sünde, nach Glück zu streben. Werden Sie aktiv! Sollte die Jahreszahl 8 mit Ihrem Geburtsdatum oder mit Ihrer Geburts- und Namenszahl identisch sein, dann wird dieses Jahr wohl schicksalsträchtig für Sie werden. Jetzt empfiehlt es sich wirklich, zusätzlich eine astrologische Jahresanalyse erstellen zu lassen (genaue Geburtszeit bitte am Standesamt Ihres Geburtsortes erfragen). Hier können Sie deutlich erkennen, ob gleichzeitig auch schwierige Saturn-Transite auf Sie einwirken, und vor allem zu welchen Zeiten. Es könnten karmische Lektionen stattfinden, doch trotz eines schweren Weges wäre auch ein erfolgreicher Abschluss durchaus möglich. Alle Ereignisse dieses Jahres könnten für Sie zum »Lehrer« werden.

*Stellen Sie ein harmonisches Gleichgewicht zwischen Körper, Geist und Seele her.*

Die 8 als Jahreszahl empfiehlt Ihnen, viel Ausdauer, Geduld, Konzentration, Stille, Rückzug und Kontemplation zu praktizieren. Es ist nur von Vorteil, wenn Sie sich von allzu hektischen oder oberflächlichen Aktivitäten zurückziehen und bisweilen ein bisschen Einsiedler spielen.

Sind Sie schon in höheren Positionen tätig, dann ist jetzt viel Selbstbeherrschung, Mut und Bescheidenheit gefragt, um diesen Posten zu festigen oder auszubauen. Vielleicht müssen Sie auch einige Opfer bringen, doch es würde sich lohnen. Mit Disziplin und Weisheit kommen Sie jetzt am besten voran und diese Tugenden sollten Sie ehrlichen Herzens weiter in sich aktivieren.

Die Zahl 8 kann in dem errechneten Jahr eine Glückszahl für Sie werden – oder eine Schicksalszahl. Sie ist mit dem Wesen des *Saturn* und des Tierkreiszeichens *Steinbock* verwandt!

## Die 9 als Jahres- oder Ereigniszahl

Kommt die 9 als Jahres- oder Ereigniszahl für Sie in Betracht, kann diese auch von einer zweistelligen Zahl (18, 27, 35 oder 45) auf die einstellige 9 reduziert werden. Lesen Sie – falls Sie die 18 als Ergebnis herausbekommen haben – auch unter dieser Zahl nach.

*Nutzen Sie Ihre Kraft für wichtige und echte Ziele.*

Die Jahreszahl 9 rät Ihnen, weise oder kluge Personen aufzusuchen und diese um Rat zu bitten, falls es einmal nicht mehr so recht weitergeht. In diesem Jahr brauchen Sie Mut, Freude am Risiko, Durchsetzungsvermögen, Wille und Entschlossenheit. So können Sie Ihre Ziele am besten erreichen. Vermeiden Sie allerdings zu viel Egoismus, Jähzorn und Ellbogenmentalität. Ein mutiger Kämpfer ist stets fair und setzt seine Kraft für die wirklich wichtigen und echten Ziele ein. Bisweilen müssen Sie ganz schnell in kurzer Zeit wichtige Entscheidungen treffen.

Ist auch Ihre Geburts- oder Namenszahl die 9, dann sollten Sie den Fuß von Ihrem inneren Gaspedal nehmen. Ist Ihre Geburts- und Namenszahl jedoch nicht so impulsiv, dann heißt es jetzt, diese Wesensmerkmale zu aktivieren. Auch in Sachen Liebe kann es durchaus leidenschaftlich werden, doch die heißen Gefühle sind nicht unbedingt gut für einen Hochzeitstermin, denn dazu braucht man mehr innere Sicherheit und Ruhe. Sie könnten jetzt relativ schnell zum Kern einer Angelegenheit vordringen. Mit der 9 als Jahreszahl kann man durch weise Vorgehensweise wirklich große Durchbrüche oder Neuanfänge riskieren und dabei auch noch erfolgreich sein: nur Mut!

Die Zahl 9 kann in dem errechneten Jahr eine Glückszahl für Sie werden – oder eine Schicksalszahl. Sie ist mit dem Wesen und der Energie des *Mars* und des Tierkreiszeichens *Widder* verwandt!

### Die 10 als Jahres- oder Ereigniszahl

Ergeben Ihre Berechnungen für das Sie interessierende Jahr die Zahl 10 (zum Beispiel wenn Sie am 20.4. geboren sind und die Ereignisfärbung des Jahres 2002 herausfinden wollen), dann sollten Sie sich positive Lebensveränderungen bereits zu Beginn des Jahres fest vornehmen. Setzen Sie all Ihre Energie und Ihr Geschick ein und stellen Sie sich das Endresultat schon bildlich vor. »Imaginiere und befehle« ist das Hauptmotto der 10.

*Setzen Sie außergewöhnliche Pläne um.*

Das Jahr ist günstig, um außergewöhnliche Pläne und Ziele durchzusetzen. Auf Selbstdisziplin und viel Mitgefühl dürfen Sie allerdings nicht verzichten. Das ist die notwendige Grundenergie, um jegliche Zerstörungsenergie abzuwenden oder zu verhindern. Zeigen Sie sich anpassungsfähig und intelligent, das sind die besten Bausteine auf dem Weg zu Ihrem Erfolg. Ihr gutes Gedächtnis kommt Ihnen jetzt des Öfteren zu Hilfe, aber auch Ihr diplomatisches Geschick werden Sie gut einsetzen können. Übertriebenen Egoismus sollten Sie auf jeden Fall vermeiden, denn das weckt polare Kräfte und führt zu Misserfolgen.

Sie können dieses Jahr selbst entscheiden, wie Ihr Leben weiterhin verlaufen soll. Bei positiver Grundeinstellung schenkt Ihnen die 10 ein gesundes Selbstvertrauen, den Glauben an den guten Ausgang einer wichtigen Sache und am Ende dann die ersehnte Anerkennung (ob privat oder beruflich). Je höher Ihre Persönlichkeit ausgerichtet ist, desto größer sind Ihre Erfolge in diesem Jahr!

### Die 11 als Jahres- oder Ereigniszahl

Ergeben Ihre Berechnungen die Jahreszahl 11 (zum Beispiel wenn Sie am 3.4. geboren sind und die Ereignisfärbung des Jahres 2002 finden wollen), dann besitzen Sie hoffentlich eine günstige Geburts- oder Namenszahl als positives Gegengewicht zu dieser schwierigen 11er-Schwingung.

Für das Jahr mit der 11 als Ereigniszahl gilt eine ganz große Warnung: Hüten Sie sich davor, Ihre Ziele und Pläne anderen mitzuteilen! Nur längst erprobten Freunden sollten Sie sich anvertrauen. Jetzt lauern einige verborgene Gefahren, und Neider haben die Absicht, Ihnen einen Strich durch die Rechnung zu machen.

*Finden Sie einen Kompromiss zwischen allen wirkenden Kräften.*

Missgunst, Intrigen, Heimlichkeiten, Verrat durch andere und ähnlich unschöne Erlebnisse warten dieses Jahr auf Bewältigung Ihrerseits – vielleicht ein Test?

Jetzt dürfte es schwierig sein, zwei unterschiedliche Ziele zu vereinen. Eine dritte Kraft (eine Idee oder eine Person) ignoriert den Standpunkt der einen Seite und sabotiert so jede Harmonie.

Versuchen Sie immer, den Ursprung dieser trennenden Macht (Kraft) sofort zu identifizieren. Danach sollte ein guter Kompromiss zwischen allen wirkenden Kräften gefunden werden. Keine leichte Aufgabe. Aber auch in Ihnen selbst finden polare Kämpfe statt. Zwei Kräfte oder zwei Wünsche arbeiten des Öfteren gegeneinander. Doch auch diese Kräfte oder Wünsche sollten vereinigt werden, sonst folgt die Enttäuschung auf dem Fuß.

Leisten Sie sich, wenn es schwierig wird, doch eine astrologische Jahresanalyse. Auf jeden Fall sollten Sie Ihre Geheimnisse so lange hüten, bis sie keiner mehr durchkreuzen kann. Vermeiden Sie auch jegliche Illusionen und bleiben Sie sich selbst treu!

### Die 12 als Jahres- oder Ereigniszahl

Ist die von Ihnen gefundene Jahreszahl die Zahl 12 (zum Beispiel wenn Sie am 7.1. geboren sind und die Ereignisfärbung des Jahres 2002 berechnen wollen), dann besitzen Sie hoffentlich eine günstigere Geburts- oder Namenszahl als positives Gegengewicht zu dieser schwierigen 12er-Schwingung.

Dieses Jahr werden andere Menschen versuchen, Sie zu benutzen, auszunutzen oder Ihre Energie vor deren Karren zu spannen. Auch Intrigen oder Verleumdungen sind jetzt zu erwarten, doch Sie können diese nur schlecht abwenden. Bleiben Sie vorsichtshalber immer ehrlich zu sich selbst und zu anderen. Sie strahlen etwas aus, das Sie dieses Jahr leicht zum »Opfer« machen kann. Bringen Sie jedoch nur notwendige Opfer, um Ihr Wissen zu erweitern. Von anderen wichtigen Lebenszielen sollten Sie sich auf keinen Fall abbringen lassen. Suchen Sie nur in Ihrem eigenen Innern nach der Lösung von Problemen. In diesem Jahr müssen Sie viel lernen, doch mit Selbstaufopferung hat dies nichts zu tun. Wenn Sie zum Opfer geworden sind, sollten Sie die eigene psychologische Ursache dafür herausfinden. War Ihr Selbstwertgefühl geschrumpft? Hatten Sie Angst, sich durchzusetzen, wütend zu werden, sich abzuwenden. Warum? Reagieren Sie auf Verleumdungen anderer am besten mit Nichtbeachtung oder Verachtung. Nur wenn Ihre Ehre angegriffen wird, sollten Sie sich mächtiger zur Wehr setzen (Anklage erheben). Opfern Sie auf keinen Fall Ihre persönlichen Ziele dem Ehrgeiz anderer Menschen!

*Lassen Sie sich nicht von wichtigen Lebenszielen abbringen.*

Wenn sich Probleme auftun und Sie den Überblick verlieren, dann leisten Sie sich dieses Jahr doch mal eine astrologische Jahresanalyse oder eine persönliche Beratung!

## Die 13 als Jahres- oder Ereigniszahl

Ergeben Ihre Berechnungen für das Jahr die Zahl 13 (zum Beispiel) wenn Sie am 6.3. geboren sind und die Ereignisfärbung des Jahres 2002 wissen wollen), dann wird in dem betreffenden Jahr (in unserem Beispiel im Jahr 2002) die Schwingung der 13 für Sie aktuell werden.

Das Jahr scheint größere Veränderungen für Sie vorgesehen zu haben. Ursachen zeigen jetzt ihre Wirkungen. Revolution,

*Riskante Unternehmungen oder Spekulationen sollten Sie vermeiden.*

Umwälzung und Auflehnung führen dagegen ins Chaos. Je nachdem, wo Ihr Leben festgefahren ist und kein Wachstum mehr beinhaltet, wird Altes zerstört werden, damit Sie etwas Neues aufbauen können. Es kann sein, dass Ihre Affekte (Wut, Zorn, Sinnlichkeit oder Nervosität) besonders stark werden. Bauen Sie diese negativen Energien möglichst durch viel Sport ab. Hüten Sie sich auch vor riskanten Unternehmungen oder gar Spekulationen. Vermutlich findet in diesem Jahr auch ein wichtiger Transit des *Uranus* auf Ihr Geburtshoroskop statt.
Trotz aller Mäßigung werden unerwartete oder einschneidende Ereignisse stattfinden. Nur wer die eigene Macht zu selbstsüchtigen Zwecken missbraucht, wird nun große Fehlschläge erleben. Auch revolutionäres Verhalten, Widerstand oder Rebellion führen jetzt nur zu einem negativen Endresultat.
Wenn Sie sich dagegen allen auftauchenden Veränderungen willig beugen, verstärkt dies die positive Schwingung der 13. Dann können Sie Altes verändern und Neues aufbauen!

## Die 14 als Jahres- oder Ereigniszahl

Berechnen Sie für ein Jahr die Zahl 14 (zum Beispiel wenn Sie am 4.6. geboren sind und die Ereignisfärbung des Jahres 2002 herausfinden wollen), dann wird in diesem Jahr (in unserem Beispiel im Jahr 2002) die Schwingung der 14 für Sie aktuell werden.
Es kann sein, dass Sie mit der Öffentlichkeit zu tun haben, vermehrt mit dem Bereich Kommunikation, Schreiben, Verlage oder Medien. Das neue Jahr bringt Abwechslung und Veränderung in Ihr Leben. Sie werden viele Kontakte mit Menschen erleben oder mit Ländern, durch Reisen – oder alternativ einen Ortswechsel vornehmen. Möglicherweise kommen Sie mit Naturgewalten in Berührung (Erdbeben, Stürme, Gewitter, Feuer oder Überschwemmungen). Vorsicht ist hier geboten.

Leider sind Sie des Öfteren zu pessimistisch eingestellt. Doch Sie werden merken, dass sich – sobald Sie optimistisch denken oder einfach ein bisschen Galgenhumor einsetzen – der Erfolg bald einstellen wird.

*Ihre Intuition und Ihre innere Stimme sind wichtige Quellen.*

Verlassen Sie sich in diesem Jahr nicht auf andere Menschen, sondern vor allem auf Ihre Intuition und Ihre innere Stimme. Es kann sein, dass ein Mensch Ihnen eine Situation oder Sachlage völlig falsch darstellt und Sie Nachteile daraus haben. Mit Geld oder Spekulationen haben Sie dieses Jahr Glück, doch auch hier sollten Sie nicht zu vertrauensselig sein oder die Ratschläge anderer befolgen. Irgendein boshafter Mensch in Ihrer Umgebung vergönnt Ihnen das Glück nicht und ist bestrebt, Sie vom richtigen Weg wegzulocken!

**Die 15 als Jahres- oder Ereigniszahl**

Haben Sie für ein Jahr die Zahl 15 berechnet (zum Beispiel wenn Sie am 31.7. geboren sind und die Färbung des Jahres 2002 mit allen Ereignissen wissen wollen), dann wird in diesem Jahr die Schwingung der Zahl 15 für Sie aktuell werden.

Sie besitzen jetzt besonders magische Kräfte, doch vor allen Praktiken in schwarzer Magie sollten Sie sich hüten (vor den Zahlen 4 und 8, vor niedrigem Okkultismus, vor Hypnose oder mentaler Suggestion). Sie sind oft zum rechten Zeitpunkt am richtigen Ort und ein geheimer Zauber führt Sie zu den passenden Menschen oder Situationen. Ihre Redebegabung wird jetzt gestärkt, aber auch in Musik, Kunst oder Theater können Sie Erfolge erzielen. Ihr Charisma ist groß und Ihre Anziehungskraft auf andere schier unwiderstehlich. Das kann auch zu sinnlichen Versuchungen führen. Vermeiden Sie es, mit List und Tücke Ihre Ziele zu verwirklichen. Dann werden Sie auch in puncto Geld viel Positives erleben.

Vielleicht kommen Sie dieses Jahr ganz unerwartet zu einem

höheren Gehalt, zu einer Erbschaft, zu einem finanziellen Geschenk. Vor allem wenn die finanziellen Mittel mal knapp werden, ist der Zustrom wieder offen. Andererseits wird man Ihnen auch viele kleine Gefälligkeiten erweisen. In diesem Jahr haben Sie die große Möglichkeit, anderen Menschen Glück zu schenken und Licht in jedes Dunkel zu bringen. Einzige Voraussetzung dafür: Sie benutzen Ihre magische Ausstrahlungskraft nicht für ausschließlich selbstsüchtige Zwecke!

### Die 16 als Jahres- oder Ereigniszahl

Ergaben Ihre Berechnungen für ein Jahr die Zahl 16 (zum Beispiel, wenn Sie am 4.8. geboren sind und die Färbung des Jahres 2002 mit allen Ereignissen wissen wollen), dann wird in diesem Jahr die Schwingung der Zahl 16 für Sie aktuell werden.

*Gehen Sie lieber Schritt für Schritt vor.*

Diese Jahr dürfte schwierig werden, denn die 16 zieht ungewöhnliche Schicksalsschläge oder verhängnisvolle und rätselhafte Begebenheiten an. Gehen Sie jetzt keine unnötigen Wagnisse ein; planen Sie jeden Schritt besonders sorgfältig. Streben Sie nicht nach einer hohen Karriere (Turm), das könnte Sie zu Fall bringen. Auch jeder übertriebene Egoismus ist genauso riskant wie zu große Impulsivität. Möglicherweise haben Sie mit einer entzündlichen oder fiebrigen Erkrankung zu kämpfen. Hüten Sie sich vor niedrigen Leidenschaften und eigenartigen Gelüsten. Hören Sie nur auf Ihre innere Stimme. Streben Sie dieses Jahr nicht nach Ruhm und Anerkennung, sondern suchen Sie Ihr Glück eher im Privatbereich. Achten Sie auf Ihre Träume (siehe den Abschnitt über »Traumdeutung«); diese senden Ihnen wichtige Botschaften der Seele. Auch Ihre Intuition warnt Sie jetzt stark vor allen drohenden Gefahren.
Besorgen Sie sich ein gutes Traumdeutungslexikon (siehe Literaturverzeichnis), denn Sie finden Ihr Glück dieses Jahr nur in Ihrem eigenen Innern!

## Die 17 als Jahres- oder Ereigniszahl

Ergaben Ihre Berechnungen für ein Jahr die Zahl 17, weil Sie beispielsweise am 4.8. geboren sind und die Färbung des Jahres 2003 mit allen Ereignissen wissen wollten, dann wird in diesem Jahr die Schwingung der Zahl 17 für Sie aktuell werden. Das Jahr dürfte Ihnen meistens viel Liebe und inneren Frieden bringen. Sie können sich jetzt weiterentwickeln, weil Sie durch Probleme, Hindernisse oder Leiden wachsen können.

*Sie haben gute Chancen, wertvolle Taten zum Nutzen anderer zu vollbringen.*

Ihr Wachstum tritt am schnellsten ein, wenn Sie sich geistig über all diese Ereignisse erheben. Jetzt haben Sie die besten Möglichkeiten und Chancen, wertvolle Taten und Werke zum Nutzen anderer Menschen zu vollbringen. Sollten Sie etwas bauen, schreiben, erschaffen oder vollenden, dann kann dieses Werk sogar über Ihren Tod hinaus bekannt sein, Sie damit unsterblich machen.

Gerechtigkeit und Friedensliebe sind jetzt Ihre Wegbereiter zum Glück. Leider geben Sie bisweilen auch dort nach, wo Sie sich eigentlich mehr durchsetzen sollten. Achten Sie darauf, nicht allzu gutmütig zu werden, sondern schieben Sie auch mal kräftig an und zeigen Sie »Ihre Zähne«. Enttäuschungen und Missverständnisse haben Sie sich selbst zuzuschreiben, wenn Sie allzu kompromissbereit sind und aus lauter Harmoniebedürfnis zu oft nachgeben!

## Die 18 als Jahres- oder Ereigniszahl

Ergaben Ihre Berechnungen für das neue Jahr die Zahl 18, weil Sie am 24.8. geboren sind und die Färbung des Jahres 2002 mit allen Ereignissen wissen wollten, dann wird in diesem Jahr die Schwingung der Zahl 18 für Sie aktuell werden.

In diesem Jahr könnten Familienstreitigkeiten ein großes Thema werden oder zu vielen Konflikten führen. Bei manchen Menschen werden sogar Krieg, Aufruhr oder Revolution im

*Zuverlässiges Arbeiten gibt Ihnen Sicherheit.*

näheren Umfeld stattfinden. Eigenartigerweise könnten Sie für sich selbst aus diesen Unruhen sogar neue Verdienstmöglichkeiten schöpfen. Möglicherweise werden Sie auch von Freunden verraten oder getäuscht. Sie sollten sich auch vor Blitz, Gewitter, Sturm, Strom oder den Naturelementen in Acht nehmen und nicht mit elektrischen Leitungen herumhantieren. Bauen Sie viele Zahlen der 6er-Reihe in Ihr Leben ein (Hausnummer, Ort, Telefonnummer, Autokennzeichen u. Ä.) – das schafft ein positives Gegengewicht zu der etwas schwierigen 18.

Wichtig ist, dass Sie in diesem Jahr ganz zuverlässig arbeiten. Vor allem Ihr Streben nach geistiger Höherentwicklung oder nach Spiritualität kann Ihnen jetzt Glück bringen. Suchen Sie nach geeigneten Wissensgebieten und erweitern Sie diese geistige Ausrichtung in Ihnen selbst.

Werden Sie angelogen, zeigen Sie sich offen und ehrlich. Begegnen Sie Hass, dann antworten Sie darauf mit Liebe. Erleben Sie Grausamkeit, dann reagieren Sie darauf mit Freundlichkeit. So wird alle negative Schwingung der 18 in eine positive 6 verwandelt. In manchen Fällen ergibt sich dann sogar eine geistige Erleuchtung. Jeder zu große Materialismus in Ihnen hemmt nur Ihre geistigen und spirituellen Kräfte, die jetzt wachsen wollen!

### Die 19 als Jahres- oder Ereigniszahl

Haben Sie für ein Jahr die Zahl 19 berechnet (zum Beispiel weil Sie am 25.8. geboren sind und die Färbung des Jahres 2002 mit allen Ereignissen wissen wollen), dann wird in diesem Jahr die Schwingung der Zahl 19 für Sie aktuell werden.

Das könnte wahrlich ein *Sonnen*-Jahr für Sie werden! Herzlichen Glückwunsch, denn diese Zahl zieht förmlich positive Ereignisse, Anerkennung, Erfolg, Freude und Zuversicht an.

Selbst nach kurzfristigen oder zeitweisen Fehlschlägen wird die weitere Entwicklung erfolgreich verlaufen. Lediglich vor zu großem Übermut und zu großer Begeisterung sollten Sie sich jetzt vorsichtshalber hüten. Der Erfolg kommt meistens urplötzlich – sowohl in beruflichen Angelegenheiten als auch im Privatleben.

*Sie kommen mühelos voran und das Glück steht auf Ihrer Seite.*

Selbst wenn Ihre ursprüngliche Geburtszahl nicht so günstig ausfällt, werden Sie in diesem Jahr doch viel Glück erleben. Auf Ihrem eingeschlagenen Lebensweg kommen Sie mühelos voran. Lassen Sie Ihre »innere Sonne« immer wieder nach außen leuchten; das verstärkt die positive Schwingung der 19 und deren Glück bringende Wirkung in den kommenden Ereignissen.

Wer will, kann die 19 noch öfters in sein Leben mit einbauen (Hausnummer, gesamte Adresse, Orte, Telefonnummer, Autokennzeichen oder die 19 im Lottospiel) – eine Verstärkung der positiven Ereignisse wird dadurch möglich!

### Die 20 als Jahres- oder Ereigniszahl

Ergaben Ihre Berechnungen für ein Jahr die Zahl 20 – etwa weil Sie am 8.8. geboren sind und die Färbung des Jahres 2002 mit allen Ereignissen wissen wollten –, dann wird in diesem Jahr die Schwingung der Zahl 20 für Sie aktuell werden.

Dieses Jahr ist weniger materiell ausgerichtet, sondern sollte vor allem für eine große Tat oder Handlung verwendet werden. Zwar ruft die Zahl 20 zur Geduld auf, doch andererseits kann nun ein großes Erwachen in Ihnen selbst stattfinden. Neue Pläne, neue Ziele, neu geweckter Ehrgeiz, neue Wege schälen sich dabei heraus. Achten Sie jetzt auf Ihre Träume (siehe auch den Abschnitt über »Traumdeutung«), denn die liefern Ihnen bedeutende Zukunftsvisionen. Besorgen Sie sich ein gutes Traumdeutungslexikon (siehe Literaturverzeichnis).

In diesen visionären Träumen wird Ihre Zukunft bildlich dargestellt. Jetzt haben Sie die Möglichkeit, alle positiven Träume in die Realität umzusetzen – und die negativen Träume oder Visionen auszuschalten.

*Entwickeln Sie Ihr geistiges und spirituelles Potenzial.*

Geistig und spirituell können Sie in diesem Jahr enorm wachsen. Vor allem durch geistige Erkenntnisse und durch seelische Weiterentwicklung werden Sie frühere Blockaden, Hindernisse, Hemmungen und Verzögerungen überwinden können. Wer zudem die wirtschaftlichen Aspekte des Lebens aktivieren will, sollte sich zusätzlich mit den Zahlen 6, 24 oder 33 umgeben!

**Die 21 als Jahres- oder Ereigniszahl**

Ergaben Ihre Berechnungen für ein Jahr die Zahl 21, dann wird in diesem Jahr die Schwingung der Zahl 21 für Sie aktuell werden.

Sehr günstig wäre es, wenn Sie sich schon im mittleren Lebensalter befänden. Denn die 21 weist darauf hin, dass Sie jetzt günstige Vorsorge für einen sorgenfreien Lebensabend tragen können. Wer noch mitten im Leben steht und an seiner Karriere arbeitet, hat ebenfalls Glück zu erwarten. Vor allem wenn in den letzten Jahren viele Seelenprüfungen oder andere Tests oder Probleme zu bewältigen waren.

Jetzt erfahren Sie endlich positive Ergebnisse: Beruflicher Aufstieg ist in Sicht, aber auch hohe Anerkennungen könnten Ihnen zuteil werden (sowohl geistig als auch weltlich gesehen). Sie können in diesem Jahr die schöne Erfahrung machen, was es heißt, Glück im Leben zu haben. Entweder werden Sie jetzt befördert oder aber Sie erleben positive Unterstützung von Freunden, Verwandten und Bekannten. Jetzt können Sie frühere Schwächen überwinden und besiegen. Freuen Sie sich darauf!

Bleiben Sie weiterhin standhaft, und achten Sie darauf, dass Ihr Leben nach »einer höheren Bestimmung« ausgerichtet ist. Auch im finanziellen Bereich werden Sie erfreulichen Zuwachs oder Erleichterungen verspüren!

**Die 22 als Jahres- oder Ereigniszahl**

Ergeben Ihre Berechnungen für ein Jahr die Zahl 22, dann wird in diesem Jahr die Schwingung der Zahl 22 für Sie aktuell werden.

Das von Ihnen errechnete Jahr enthält einige Warnungen: Entweder haben Sie sich in manchen Träumen oder in zu vielen Illusionen verfangen. Sie schleppen einen Rucksack voller Irrtümer mit sich herum, doch Sie wehren sich erst, wenn unmittelbare Gefahr droht. Sie sollten schleunigst aus Ihren Träumen erwachen und keinerlei Selbsttäuschungen pflegen. Bisweilen schweben Sie jetzt in »höheren Regionen« und ziehen deshalb Misserfolge an. Sie schenken meistens Menschen Vertrauen, die es gar nicht wert sind. Jetzt sind höchste Wachsamkeit und Vorsicht geboten.

*Machen Sie sich nichts vor: Erwachen Sie aus Ihren Träumen!*

Lassen Sie sich nicht von der Dummheit oder Hinterhältigkeit anderer Menschen blenden. Sie sollten jede Form von »spiritueller Faulheit« überwinden und stattdessen »spirituelle Aggressivität« entwickeln. Befehlen Sie Ihre Erfolge und erkennen Sie Ihre eigene Macht, die negativen Dinge des Lebens zu verändern. Nur wenn Sie Ihre persönliche Verantwortung anerkennen und diese richtig beherrschen, können Sie am Ende der Geschehnisse selbst »Herr(in) der Dinge« werden.

Sollten Sie jetzt unschuldigerweise in Rechtsstreitigkeiten verwickelt werden, dann müssen Sie sich zur Wehr setzen. Fordern Sie, dass Gerechtigkeit geübt wird, suchen Sie sich einen guten Anwalt und zeigen Sie mal »Ihre Zähne«. Nur wenn Sie all dies gelernt haben, können Sie erleben, dass aus Ihren eigenen Ideen und Träumen durchaus Realität werden kann!

**Die 23 als Jahres- oder Ereigniszahl**

Ergaben Ihre Berechnungen für ein Jahr die Zahl 23, dann wird in diesem Jahr die Schwingung der Zahl 23 für Sie aktuell werden.

*Sie können mit Unterstützung im beruflichen und privaten Bereich rechnen.*

In diesem Jahr werden sich einige karmische Belohnungen ereignen: Sie erleben Unterstützung, Hilfe und Schutz in allen persönlichen und beruflichen Aktionen, doch Sie werden auch von Vorgesetzten und anderen Autoritäten gefördert. Die Zahl 23 ermöglicht günstige Protektionen von Menschen in einflussreichen Positionen, bewirkt aber auch Erfolge in einer eher geistigen Tätigkeit.

Möglicherweise machen Sie in diesem Jahr sogar eine Erbschaft. Vieles wird jetzt belohnt, das Sie in früheren Inkarnationen an Gutem geleistet haben. Sie erleben die wohltuende Gunst von Verwandten und anderen einflussreichen Beschützern. Zeigen Sie sich würdig und dankbar über diese Gaben des Schicksals, denn Sie werden nicht vielen Menschen und auch nicht andauernd verschenkt.

Es würde sich lohnen, in diesem Jahr des Öfteren die Zahl 23 zu Hilfe zu nehmen (Lottospiel, Adresse, Orte, Telefonnummern, Autokennzeichen und vieles andere mehr) oder alternativ die Zahlen 5, 14, 32, 41 oder 50, damit sich die positive Schwingung Ihrer Glückszahl noch erhöht!

**Die 24 als Jahres- oder Ereigniszahl**

Haben Sie für ein Jahr die Zahl 24 berechnet, dann wird in diesem Jahr die Schwingung der Zahl 24 (die sich aus Ihrem Geburtstag, Ihrem Geburtsmonat und dem Jahr, dessen Ereigniszahl sie wissen wollen, ergibt) für Sie aktuell werden.

In diesem Jahr werden Sie viele karmische Belohnungen empfangen können. Die Zahl 24 verheißt Glück im Leben oder wohltuende Hilfe und Unterstützung von Gleichgesinnten und Freunden. Auch Ihre Vorgesetzten werden Sie kräftig fördern wollen, denn die Zahl 24 verspricht den Beistand der Mächtigen. Sie können fast sicher sein, dass sich Ihr finanzieller Erfolg dieses Jahr gewaltig steigern lässt. Sie werden aber auch Menschen von hohem Stand oder von hoher Bildung kennen lernen – alles förderlich auf Ihrem weiteren Lebensweg.

*Freuen Sie sich auf glückliche Stunden in der Liebe.*

Dieses Jahr haben Sie auch das Glück in der Liebe zur Seite, denn Sie besitzen jetzt eine starke Anziehungskraft auf das andere Geschlecht. Die einzige Stolperfalle, die Sie beachten sollten: Hüten Sie sich vor zu viel Selbstherrlichkeit und Arroganz – sowohl in beruflichen, in finanziellen als auch in liebesmäßigen Angelegenheiten. Ein jetziger Missbrauch der Glückszahl 24 kann in späteren Leben zu einer schwierigeren Geburtszahl führen (die man ja nicht verändern kann).
Vermeiden Sie jede Form von Selbstsucht und widerstehen Sie allzu oberflächlichen Versuchungen. Sie sollten auch nicht zu nachsichtig mit sich selbst sein. Wer keinerlei Gleichgültigkeit kultiviert, dem wird durch die Zahl 24 sehr viel Kreativität zufließen, viel Liebe und viel Geld!

*Tipp:* Wer sich noch intensiver mit dem spannenden Bereich der *Numerologie* (Ihr Geburtsdatum, Ihre komplette Geburtszahl, Ihre Namenszahl) beschäftigen will, sollte sich mein neues Buch über *Zahlenmagie* besorgen. Dort sind viele unterstützende Hilfsmittel besprochen, die Ihr persönliches Glück aktivieren!

# Anhang

# Ihr Aszendent

*Die Umwelt nimmt eher den Aszendenten als das Sonnenzeichen wahr.*

Kennen Sie schon Ihren Aszendenten? Der Aszendent (AC) ist das Tierkreiszeichen, das zum Zeitpunkt Ihrer Geburt am östlichen Horizont aufsteigt. Nur mit Kenntnis der genauen Geburtszeit kann man diesen wichtigen Punkt errechnen.

Ihr Aszendent prägt Ihren ersten Eindruck von dieser Welt; er zeigt auch auf, wie andere Menschen Sie wahrnehmen. Ihre Art aufzutreten, ist im Aszendenten erkennbar.

Auch unser Temperament wird stark vom Aszendenten stimuliert und geprägt. Deshalb verhalten wir uns oft anders, als es im Sonnenzeichen beschrieben steht. Der Aszendent beeinflusst neben den rein genetischen Vererbungen aber auch unser Aussehen. Deshalb ist es für Astrologen oft einfacher, den Aszendenten eines Menschen zu erraten als das Sonnenzeichen, das erst nach längerer Unterhaltung durchschimmert. Von großer Bedeutung ist auch der Herrscher des Aszendentenzeichens und seine Position im Geburtshoroskop. Dadurch kann man erkennen, wie dieser Mensch seine Energien am natürlichsten entfalten und ausdrücken kann. Die Mischung aus Sonnenzeichen und Aszendenten enthält viele weitere und äußerst interessante Auskünfte.

*Fazit:* Es ist spannender als der beste Krimi, in die eigene Seele hinabzusteigen und sich selbst zu erforschen!

Mithilfe der folgenden **Aszendententabelle** können Sie ganz leicht und schnell Ihren Aszendenten selbst errechnen:

1. Suchen Sie in der oberen Leiste Ihren Geburtsmonat und Ihr Geburtsdatum.
2. Suchen Sie in der Tabelle darunter nach Ihrer Geburtszeit.
3. Jetzt können Sie in der gleichen Spalte ganz links Ihren Aszendenten ablesen!

| Monat | Januar | | | Februar | | | März | | | April | | |
|---|---|---|---|---|---|---|---|---|---|---|---|---|
| vom<br>bis | 1.<br>10. | 11.<br>20. | 21.<br>31. | 1.<br>10. | 11.<br>20. | 21.<br>28. | 1.<br>10. | 11.<br>20. | 21.<br>31. | 1.<br>10. | 11.<br>20. | 21.<br>30. |
| ♈<br>Widder | 11:50<br>12:25 | 11:10<br>11:45 | 10:30<br>11:05 | 09:50<br>10:25 | 09:10<br>09:45 | 08:30<br>09:10 | 07:55<br>08:30 | 07:15<br>07:50 | 06:35<br>07:10 | 05:55<br>06:30 | 05:15<br>05:50 | 04:30<br>05:10 |
| ♉<br>Stier | 12:45<br>13:30 | 12:00<br>12:50 | 11:20<br>12:05 | 10:45<br>11:30 | 10:00<br>10:45 | 09:30<br>10:10 | 08:45<br>09:35 | 08:05<br>08:50 | 07:25<br>08:15 | 06:45<br>07:35 | 06:05<br>06:50 | 05:30<br>06:10 |
| ♊<br>Zwillinge | 13:55<br>15:10 | 13:20<br>14:25 | 12:35<br>13:50 | 11:55<br>13:10 | 11:15<br>12:30 | 10:35<br>11:55 | 10:05<br>11:15 | 09:20<br>10:35 | 08:40<br>09:55 | 08:00<br>09:15 | 07:20<br>08:35 | 06:35<br>07:55 |
| ♋<br>Krebs | 15:50<br>17:30 | 15:10<br>16:50 | 14:30<br>16:10 | 13:50<br>15:30 | 13:10<br>14:50 | 12:40<br>14:20 | 11:55<br>13:35 | 11:15<br>12:55 | 10:35<br>12:15 | 09:55<br>11:35 | 09:15<br>10:50 | 08:40<br>10:20 |
| ♌<br>Löwe | 18:20<br>20:15 | 17:40<br>19:35 | 17:00<br>18:55 | 16:20<br>18:25 | 15:40<br>17:35 | 15:10<br>17:00 | 14:25<br>16:20 | 13:45<br>15:40 | 13:05<br>15:00 | 12:25<br>14:15 | 11:40<br>13:40 | 11:10<br>13:00 |
| ♍<br>Jungfrau | 21:00<br>22:55 | 20:20<br>22:15 | 19:40<br>21:35 | 19:00<br>20:55 | 18:20<br>20:15 | 17:45<br>19:35 | 17:05<br>19:00 | 16:30<br>18:20 | 15:45<br>17:50 | 15:05<br>17:00 | 14:30<br>16:20 | 13:45<br>15:35 |
| ♎<br>Waage | 23:50<br>01:45 | 23:10<br>01:05 | 22:30<br>00:25 | 21:50<br>23:45 | 21:10<br>23:05 | 20:30<br>22:30 | 19:55<br>21:50 | 19:15<br>21:10 | 18:35<br>20:30 | 17:55<br>19:50 | 17:15<br>19:10 | 16:30<br>18:30 |
| ♏<br>Skorpion | 02:30<br>04:25 | 01:50<br>03:45 | 01:10<br>03:05 | 00:30<br>02:25 | 23:50<br>01:45 | 23:20<br>01:10 | 22:35<br>00:25 | 21:55<br>23:50 | 21:15<br>23:05 | 20:35<br>22:25 | 19:55<br>21:50 | 19:20<br>21:10 |
| ♐<br>Schütze | 05:20<br>07:00 | 04:40<br>06:20 | 04:00<br>05:40 | 03:20<br>05:00 | 02:40<br>04:20 | 02:05<br>03:45 | 01:20<br>03:05 | 00:45<br>02:25 | 00:05<br>01:45 | 23:32<br>01:05 | 22:45<br>00:25 | 22:05<br>23:45 |
| ♑<br>Steinbock | 07:50<br>09:05 | 07:10<br>08:25 | 06:30<br>07:45 | 05:50<br>07:05 | 05:10<br>06:25 | 04:35<br>05:45 | 03:55<br>05:10 | 03:15<br>04:40 | 02:35<br>04:15 | 01:55<br>03:10 | 01:15<br>02:30 | 00:35<br>01:45 |
| ♒<br>Wassermann | 09:40<br>10:25 | 09:00<br>09:40 | 08:20<br>09:05 | 07:40<br>08:25 | 07:00<br>07:40 | 06:20<br>07:10 | 05:45<br>06:30 | 05:05<br>05:50 | 04:25<br>05:10 | 03:45<br>04:30 | 03:05<br>03:50 | 02:20<br>03:10 |
| ♓<br>Fische | 11:00<br>11:35 | 10:15<br>10:50 | 09:35<br>10:15 | 09:00<br>09:35 | 08:15<br>08:50 | 07:45<br>08:15 | 07:05<br>07:40 | 06:20<br>06:55 | 05:45<br>06:20 | 05:05<br>05:40 | 04:20<br>04:55 | 03:45<br>04:15 |

| Monat<br>vom<br>bis | Mai | | | Juni | | | Juli | | | August | | |
|---|---|---|---|---|---|---|---|---|---|---|---|---|
| | 1.<br>10. | 11.<br>20. | 21.<br>31. | 1.<br>10. | 11.<br>20. | 21.<br>30. | 1.<br>10. | 11.<br>20. | 21.<br>31. | 1.<br>10. | 11.<br>20. | 21.<br>31. |
| ♈<br>Widder | 03:55<br>04:30 | 03:15<br>03:50 | 02:30<br>03:10 | 01:55<br>02:30 | 01:15<br>01:50 | 00:30<br>01:05 | 23:50<br>00:25 | 23:10<br>23:45 | 22:30<br>23:05 | 21:50<br>22:25 | 21:10<br>21:45 | 20:20<br>20:55 |
| ♉<br>Stier | 04:45<br>05:30 | 04:05<br>04:50 | 03:30<br>04:10 | 02:45<br>03:30 | 02:05<br>02:55 | 01:20<br>02:05 | 00:45<br>01:30 | 00:00<br>00:45 | 23:20<br>00:05 | 22:40<br>23:25 | 22:00<br>22:45 | 21:15<br>22:05 |
| ♊<br>Zwillinge | 06:00<br>07:15 | 05:20<br>06:15 | 04:35<br>05:55 | 04:00<br>05:15 | 03:20<br>04:35 | 02:35<br>03:50 | 01:55<br>03:10 | 01:15<br>02:30 | 00:35<br>01:50 | 23:55<br>01:10 | 23:15<br>00:30 | 22:35<br>23:45 |
| ♋<br>Krebs | 07:55<br>09:35 | 07:15<br>08:50 | 06:40<br>08:15 | 05:55<br>07:35 | 05:15<br>06:50 | 04:30<br>06:10 | 03:50<br>05:30 | 03:10<br>04:50 | 02:30<br>04:00 | 01:50<br>03:30 | 01:10<br>02:50 | 00:25<br>02:05 |
| ♌<br>Löwe | 10:25<br>12:20 | 09:40<br>11:40 | 09:05<br>11:00 | 08:25<br>10:20 | 07:40<br>09:40 | 07:00<br>08:55 | 06:20<br>08:15 | 05:40<br>07:35 | 05:00<br>06:55 | 04:20<br>06:15 | 03:40<br>05:35 | 02:55<br>04:45 |
| ♍<br>Jungfrau | 13:05<br>15:00 | 12:30<br>14:20 | 11:45<br>13:35 | 11:05<br>13:00 | 10:30<br>12:20 | 09:40<br>11:35 | 09:00<br>10:55 | 08:20<br>10:15 | 07:40<br>09:35 | 07:00<br>08:55 | 06:20<br>08:15 | 05:30<br>07:30 |
| ♎<br>Waage | 15:55<br>17:50 | 15:15<br>17:05 | 14:30<br>16:30 | 13:55<br>15:50 | 13:15<br>15:10 | 12:30<br>14:25 | 11:50<br>13:45 | 11:10<br>13:05 | 10:30<br>12:25 | 09:50<br>11:45 | 09:10<br>11:05 | 08:30<br>10:20 |
| ♏<br>Skorpion | 18:35<br>20:25 | 17:50<br>19:45 | 17:20<br>19:10 | 16:35<br>18:25 | 15:55<br>17:10 | 15:10<br>17:05 | 14:30<br>16:25 | 13:50<br>15:45 | 13:10<br>15:05 | 12:30<br>14:25 | 11:50<br>13:45 | 11:05<br>13:00 |
| ♐<br>Schütze | 21:20<br>23:05 | 20:40<br>22:20 | 20:05<br>21:45 | 19:20<br>21:05 | 18:00<br>20:10 | 17:45<br>19:45 | 17:20<br>19:00 | 16:40<br>18:20 | 16:00<br>17:40 | 15:20<br>17:00 | 14:40<br>16:20 | 13:55<br>15:30 |
| ♑<br>Steinbock | 23:55<br>01:10 | 23:10<br>00:25 | 22:35<br>23:45 | 21:55<br>23:10 | 21:10<br>22:30 | 20:30<br>21:45 | 19:50<br>21:05 | 19:10<br>20:25 | 18:30<br>19:45 | 17:50<br>19:05 | 17:10<br>18:25 | 16:20<br>17:35 |
| ♒<br>Wassermann | 01:45<br>02:30 | 01:05<br>01:50 | 00:20<br>01:10 | 23:45<br>00:30 | 23:05<br>23:50 | 22:20<br>23:05 | 21:40<br>23:25 | 21:00<br>21:45 | 20:20<br>21:05 | 19:40<br>20:25 | 19:00<br>19:45 | 18:10<br>18:55 |
| ♓<br>Fische | 03:00<br>03:35 | 02:20<br>02:55 | 01:45<br>02:15 | 01:00<br>01:35 | 00:20<br>00:55 | 23:40<br>00:15 | 23:00<br>23:35 | 22:15<br>22:50 | 21:40<br>22:10 | 21:00<br>21:35 | 20:15<br>20:50 | 19:30<br>20:05 |

| Monat | September | | | Oktober | | | November | | | Dezember | | |
|---|---|---|---|---|---|---|---|---|---|---|---|---|
| vom bis | 1. 10. | 11. 20. | 21. 30. | 1. 10. | 11. 20. | 21. 31. | 1. 10. | 11. 20. | 21. 30. | 1. 10. | 11. 20. | 21. 31. |
| ♈ Widder | 19:45–20:20 | 19:05–09:40 | 18:20–18:55 | 17:45–18:15 | 17:00–17:35 | 16:20–16:55 | 15:45–16:20 | 15:05–15:40 | 14:25–15:00 | 13:45–14:20 | 13:05–13:40 | 12:30–13:05 |
| ♉ Stier | 20:40–21:25 | 19:55–20:40 | 19:15–20:00 | 18:30–19:20 | 17:55–18:40 | 17:15–18:00 | 16:40–17:25 | 16:00–16:45 | 15:15–16:05 | 14:40–15:25 | 14:00–14:45 | 13:20–14:05 |
| ♊ Zwillinge | 21:50–23:00 | 21:10–22:25 | 20:25–21:40 | 19:50–21:00 | 19:05–20:20 | 18:25–19:40 | 17:50–19:00 | 17:10–18:25 | 16:35–17:45 | 15:50–17:00 | 15:10–16:25 | 14:35–15:50 |
| ♋ Krebs | 23:40–01:25 | 23:05–00:50 | 22:20–00:05 | 21:40–23:20 | 21:00–22:40 | 20:20–22:05 | 19:40–21:25 | 19:05–20:50 | 18:25–20:05 | 17:40–19:25 | 17:05–18:50 | 16:30–18:10 |
| ♌ Löwe | 02:15–04:10 | 01:40–03:30 | 00:55–02:45 | 00:20–02:05 | 23:30–01:25 | 22:55–00:55 | 22:05–00:10 | 21:40–23:30 | 20:55–22:45 | 20:15–22:10 | 19:40–21:30 | 19:00–20:55 |
| ♍ Jungfrau | 04:55–06:50 | 04:15–06:10 | 03:30–05:25 | 02:50–04:45 | 02:10–04:05 | 01:30–03:25 | 00:55–02:50 | 00:15–02:10 | 23:30–01:30 | 22:55–00:50 | 22:15–00:10 | 21:40–23:35 |
| ♎ Waage | 07:45–09:35 | 07:05–09:00 | 06:20–08:15 | 05:45–07:35 | 05:00–06:55 | 04:20–06:15 | 03:45–05:35 | 03:05–05:00 | 02:30–04:20 | 01:45–03:35 | 01:05–03:00 | 00:30–02:25 |
| ♏ Skorpion | 10:20–12:25 | 09:45–11:40 | 09:00–10:55 | 08:20–10:15 | 07:40–09:35 | 07:00–08:55 | 06:20–08:15 | 05:45–07:40 | 05:05–06:55 | 04:20–06:15 | 03:45–05:40 | 03:10–05:05 |
| ♐ Schütze | 13:10–14:55 | 12:35–14:15 | 11:50–13:30 | 11:10–12:50 | 10:30–12:10 | 09:50–11:30 | 09:10–10:55 | 08:35–10:15 | 07:50–09:30 | 07:10–08:55 | 06:35–08:15 | 06:00–07:40 |
| ♑ Steinbock | 15:45–17:00 | 15:05–16:20 | 14:20–15:35 | 13:40–14:55 | 13:00–14:15 | 12:20–13:35 | 11:45–13:00 | 11:05–12:15 | 10:20–11:35 | 09:45–11:00 | 09:05–10:20 | 08:30–09:45 |
| ♒ Wassermann | 17:35–18:20 | 16:55–17:40 | 16:10–16:55 | 15:30–16:15 | 14:50–15:35 | 14:10–14:55 | 13:30–14:20 | 12:50–13:40 | 12:10–12:55 | 11:35–12:20 | 10:55–11:45 | 10:20–10:05 |
| ♓ Fische | 18:50–19:25 | 18:15–18:50 | 17:30–18:05 | 16:50–17:25 | 16:10–16:45 | 15:30–16:05 | 14:50–15:25 | 14:15–14:50 | 13:30–14:05 | 12:50–13:25 | 12:15–12:50 | 11:40–12:15 |

# Aszendent Widder

Der Widder-Aszendent sieht das Leben viel stärker als eine Herausforderung, als ein anderes Tierkreiszeichen dies je empfinden könnte. Man will gerne den ersten Platz einnehmen, Anführer eines Rudels sein, Aktionen starten und neue Dinge anreißen. So sind Menschen mit dem Aszendenten Widder in ständiger Unruhe oder zumindest in gespannter Erwartungshaltung, denn: »Wer zu spät kommt, den bestraft das Leben.«

*Sie spielen gern die erste Geige.*

Als Widder-Aszendent sind Sie von Geburt an recht spontan und energiegeladen. Sie besitzen einen großen Wunsch nach Unabhängigkeit und wollen eigene Entscheidungen treffen (außer Sie hätten einen weichen Planeten wie Mond oder Venus am Aszendenten platziert).

Ihr Wille ist stark ausgeprägt und Sie sind auch sehr schnell begeisterungsfähig. Ihre Besuche fallen oft ohne Voranmeldung aus und auch Ihre Mimik und Gestik sind ständig in Bewegung.

»Wo ein Wille ist, ist auch ein Weg«, zählt zu Ihren Mottos.

Bisweilen reagieren Sie jedoch viel zu impulsiv und handeln dann so energisch, dass Sie Ihre Umgebung und die Mitmenschen damit vor den Kopf stoßen. Ihr Wille und Ihre Entschlusskraft sind andererseits oftmals eine Garantie für das Gelingen. Entweder neigen Sie selbst zu kleinen Verletzungen oder aber Sie sorgen für Bewegung und Unruhe in Ihrer Umgebung: Dann fallen manchmal ein paar Gläser oder andere Gegenstände Ihnen selbst oder anderen Menschen aus der Hand, sobald Sie den Raum betreten, denn: »Wo gehobelt wird, da fallen Späne.«

Sie sollten Ihre angeborene Power immer wieder sportlich

abreagieren, denn Ihr Körper produziert vermehrt Adrenalin. Ein Widder, der sich nicht ständig körperlich abreagiert, geht sonst anderen Menschen mit seiner überschießenden Energie und Unruhe auf die Nerven.

Sehr oft schwärmen Widder-Aszendenten für schnelle Autos (wie zum Beispiel Michael Schumacher, AC Widder, geb. 3.1.1969) und wollen natürlich solch einen flotten Flitzer besitzen. Dafür geben sie relativ schnell und unbedenklich ihr Geld aus, doch auch hier sind kleine Karambolagen keine Seltenheit!

*Durchstarten heißt Ihr Motto.*

Sie überlegen nicht so lange wie ein typisches Erdzeichen (Stier, Jungfrau oder Steinbock), sondern stürmen voller Elan und Tatendrang drauflos, denn: »Was du heute kannst besorgen, das verschiebe nicht auf morgen.« Selbst wenn der Widder-Aszendent noch gar nicht weiß, wohin die Richtung gehen soll – »starten« ist seine Devise. Dass man dabei andere bisweilen über den Haufen rennt oder beiseite drängt, nimmt er im Eifer des Gefechts oft gar nicht wahr. Dann ist er ganz erstaunt, dass manche Mitmenschen beleidigt reagieren oder ihn für ziemlich rücksichtslos halten. Es fehlt ihm einfach ein bisschen Feingefühl für die Bedürfnisse anderer Menschen.

Der Widder-Aszendent ist der geborene Einzelkämpfer, doch er will auch lieben. Seine wilde Entschlossenheit, sein Mut, seine Durchsetzungskraft zeigen sich in forschem Auftreten, in heftigen Bewegungen und in einem flotten Laufschritt.

Meistens verläuft auch die Geburt eines Widder-Aszendent-Babys ganz plötzlich und schnell. Dem Widder pressiert's schon am ersten Tag, damit er ja nichts verpasst. Trotzdem oder gerade deswegen ist die Lebensaufgabe eines Widder-Aszendenten, mehr Rücksichtnahme, mehr Geduld, bewusstes Handeln zu lernen und Kompromisse zu suchen.

Ihr sechstes Haus (Gesundheit) steht in der *Jungfrau.* Wichtig ist deshalb, Ihre Gefühle und Bedürfnisse auszudrücken und sich dabei nicht unterzuordnen. Gehen Sie fürsorglich mit Ihrer Gesundheit um, doch sorgen Sie sich nicht zu sehr. Reinigungsdiäten oder Fastenkuren sind von Zeit zu Zeit sehr hilfreich!

**Widder ist Herrscher von Haus eins**

*Hier zeigt sich Ihr Image.*

Hier geht es um unsere Selbstdarstellung, um unser Ego, um die Ansprüche und das Verhalten des Ich, um unser Geltungsstreben. In diesem Haus zeigt sich die Person, wie sie anderen erscheint, wie sie auf andere zugeht, und hier erfahren wir unser Image. Stehen Planeten in diesem Haus, dann erleben wir diese Lebensbereiche besonders deutlich!

# Aszendent Stier

Das Tempo des Auftretens mäßigt sich beim Stier, denn: »Gut Ding will Weile haben.« So lässt er sich auch bei der Geburt etwas Zeit und startet sein Leben langsam, denn er geht lieber »auf Nummer sicher«. Dort, wo es geschützt und gemütlich ist, lässt er sich gerne nieder. Die Freuden des Lebens gefallen ihm, denn: »Essen und Trinken hält Leib und Seele zusammen.«

*Sie wirken vertrauensvoll und sind charmant.*

Er hat ein gutes Gefühl für Formen und Geschmack sowie eine Vorliebe fürs Geld. Ein Stier-Aszendent strahlt meistens Wärme und innere Zufriedenheit aus. Er kann geduldig und lange auf einen günstigen Moment warten. Unermüdlich arbeitet er an seinen wichtigen Zielen und so schnell bringt ihn nichts aus der Ruhe.

Was er besitzt, lässt er nicht mehr los. Das bringt einerseits Beständigkeit und Besitz (»My home is my castle«) in sein Leben, doch andererseits macht es den Stier-Aszendenten etwas schwerfällig gegenüber wichtigen Veränderungen. Die Macht der Gewohnheit lässt ihn bisweilen sogar recht unflexibel und stur werden. Als äußeres Erscheinungsbild ist oft der breite Stiernacken vorzufinden oder eine etwas rundliche Statur.

Bei Ihren Mitmenschen erwecken Sie schnell Vertrauen durch Ihre besonnene Art und Ihren Realitätssinn. Aber Sie sind auch höflich und besitzen eine Portion Charme, denn Ihre Herrscherin *Venus* schenkt Ihnen diese Gaben ohne jegliche Anstrengung: »Die süßesten Kirschen sind die aus Nachbars Garten!«

Sie handeln lieber nach altbewährten Methoden, als Neues auszuprobieren. Man könnte Sie bisweilen als stur oder verstockt bezeichnen, doch die schönen Dinge dieser Welt verlieren Sie nie ganz aus den Augen (Liebe, Erotik und sinnliche Genüsse aller Art). Trotzdem halten Sie in schweren Zeiten lange durch und sind »krisenfest«.

Bisweilen neigen Sie aber auch zu Unnachgiebigkeit oder Verschlossenheit, vor allem wenn Ihre ureigensten Interessen angegriffen oder infrage gestellt werden.

*Sie lieben die Natur.*

Sie handeln gern nach bewährten Methoden, was Sie in Ihren Reaktionen bisweilen etwas langsam macht. Sie werden wohl ein eher gemäßigtes Tempo in allen Angelegenheiten des Lebens vorlegen (Ausnahme: *Mars* im Widder oder *Mars-Uranus*-Aspekte). Positiv gelebt besitzen Sie viel Natürlichkeit und der Kontakt mit der Natur ist zum Aufladen Ihrer Kräfte segensreich. Was Sie ärgern kann, ist die Tatsache, dass oft »die dümmsten Bauern die größten Kartoffeln ernten«!

Die Lernaufgabe des Stier-Aszendenten wäre das Loslassen von unnützem Ballast, von Gier und die tiefere Auseinandersetzung mit dem Leben. Meist finden sich Neptun-, Uranus- und Pluto-Spannungsaspekte im eigenen Geburtshoroskop, die diese Aufgabe unterstützen. »Lerne mehr Beweglichkeit in allem«, lautet die Aufgabe. Ihre Geburtsherrscherin *Venus* stimuliert Ästhetik und Harmonie; so kann ein Stier-Aszendent über die Liebe und durch schöpferische Aktivitäten diese Lernaufgaben leichter bewältigen. Unser Dasein pulsiert im Stirb und Werde. Dadurch bleibt es lebendig – genau das sollte ein Stier-Aszendent in diesem Leben lernen.

*Venus* herrscht auch über Ihr sechstes Haus (in der Waage), und so tun Ihnen Wellness-Wochenenden in einem Gesundheitshotel recht gut. Analysieren Sie immer Ihre Partnerschaft, arbeiten Sie an einer guten Beziehung. Lassen Sie »es« hier nicht schleifen. Aber auch schöne Musik oder die Künste (als Hobby) unterstützen kräftig Ihre Heilung und Gesundheit!

**Stier ist Herrscher von Haus zwei**

Hier geht es um Besitz, um Substanz, um Raumansprüche, um den eigenen Energiehaushalt, die Vorratssicherung, um unsere Talente, unsere finanziellen Mittel, um unser Vermögen, um den Selbstwert und die Selbstverteidigung. Sind Planeten in diesem Haus, dann erleben wir diese Bereiche besonders deutlich!

*Hier geht es um Ihren Besitz und Ihre Talente.*

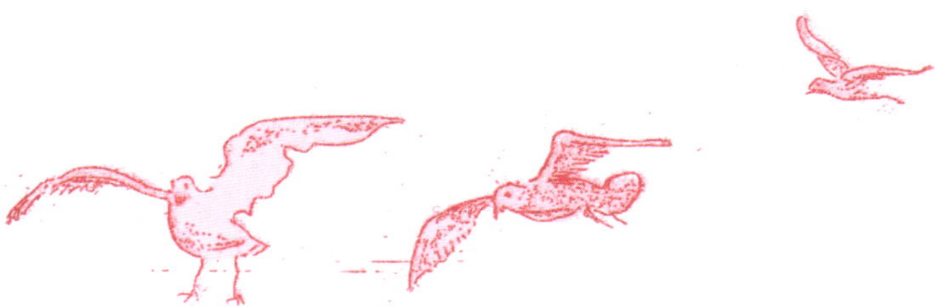

# Aszendent Zwillinge

*Sie legen sich ungern fest und sind äußerst vielseitig.*

Die Neugierde ist eine seiner wichtigsten Antriebe. Kaum die Welt betreten, war der Zwillinge-Aszendent schon ganz entzückt von den vielen Eindrücken, die diese ihm bot. »Sich regen bringt Segen«, gehört zu seinem Motto. Alles ist äußerst interessant, was um ihn herum geschieht. Deshalb kann er sich nur schwer für eine Sache entscheiden, weil ihm dann andere Dinge möglicherweise durch die Finger gleiten.
Das führt natürlich oft zwangsläufig zur Zersplitterung, zur Rastlosigkeit oder zu manchen Oberflächlichkeiten. Der Zwillinge-Aszendent nimmt die Welt erst mal durch geistige Wahrnehmung auf. So vernachlässigt er seine emotionalen, gefühlsmäßigen oder körperlichen Bedürfnisse. All das erscheint ihm nämlich ein wenig diffus oder einschränkend gegenüber seiner geistigen Freiheit. Deshalb legt er sich ungern fest, hält sich in zwischenmenschlichen Beziehungen mit Vorliebe ein paar Türen offen und hat bisweilen Terminprobleme.
Als Zwillinge-Aszendent wirken Sie auf Ihre Mitmenschen äußerst beweglich und vielseitig. Manche werfen Ihnen sogar vor, Ihre Vielseitigkeit sei unberechenbar. Neugierig und aufgeschlossen gehen Sie auf Menschen oder Aufgaben zu und widmen sich Ihren Interessen.
Ihre markantesten Eigenschaften sind Ihre Kontaktfreude und -fähigkeit sowie Ihre große Aufgeschlossenheit vielen Dingen gegenüber. Sie reden oder schreiben gern und sind an allen Neuigkeiten in dieser Welt interessiert. Denken Sie aber auch an das Sprichwort: »Reden ist Silber, Schweigen ist Gold.« Die Telekom freut sich sicher über die monatliche Abrechnung, denn Zwillinge-Aszendenten telefonieren oft, gerne und lange!

Sie beobachten alles und ziehen sämtliche Möglichkeiten in Erwägung. Dies führt allerdings auch wieder dazu, dass Sie sich des Öfteren nicht entscheiden können. Ihre Schnelligkeit und Beweglichkeit ermöglichen Ihnen rasche Reaktionen. Als Zwillinge-Aszendent können Sie gut vermitteln, stellen gerne Verbindungen zwischen den Menschen her und geben auch all Ihr Wissen (oder Ihre Neuigkeiten) bereitwillig an andere weiter, denn Ihr Geburtsherrscher ist *Merkur.* Diese Planetenenergie befähigt zur gedanklichen Kombination der Erkenntnisse. Mit ihm wollen wir lernen, Informationen und Wissen sammeln und diese in Worte und Begriffe fassen. Diese rein intellektuellen Fähigkeiten sind jedoch nicht mit Weisheit (*Jupiter,* Haus neun) gleichzusetzen!

*Kommunikation und Medien sind elementar für Sie.*

Kommunikation und Medien spielen bei Ihnen eine sehr große Rolle. Zwillinge-Aszendenten ohne Telefon, Video, Radio oder CD-Player werden gemütskrank.

Als Zwillinge-Aszendent beobachten Sie gern und dadurch öffnen sich Ihnen eine Vielzahl von Möglichkeiten. Allerdings haben Sie auch Probleme mit klaren Entscheidungen, denn Ihre Interessen und Neigungen sind weit gestreut. Wie könnte man sich für eine Sache entscheiden, wenn man dadurch andere Möglichkeiten kurzzeitig aufgeben müsste?

Andere Menschen halten Sie vielleicht für zu oberflächlich.

Die körperliche Erscheinung eines Zwillinge-Aszendenten ist meistens recht feingliedrig und jugendlich (auch im Alter). Franz Beckenbauer beweist uns das, Steffi Graf, Henry Kissinger oder Louis de Funès (alle besitzen einen Zwillinge-Aszendenten).

Sie haben ein Gespür für Details, verlieren sich aber oft darin oder sehen den Wald vor lauter Bäumen nicht mehr. Die Flut an Informationen überspült Sie oft und schnell verlieren Sie dann Ihren Blick für die höheren beziehungsweise tieferen Erkenntnisse.

Diese gewinnt man nur in der Stille, wenn man sich vom hektischen Alltag zurückzieht. Nur dann kann man den Blick für einen größeren Zusammenhang schärfen. »Ein Ganzes ist mehr als die Summe seiner Teile«, wäre ein passender Lernschritt für den Zwillinge-Aszendenten. Meiden Sie jegliche Oberflächlichkeit, und lernen Sie, sich beeindrucken zu lassen und die Synthese zu finden.

*Folgen Sie Ihrem eigenen Weg.*

Beim Zwillinge-Aszendenten steht das sechste Haus (Gesundheit) im Zeichen *Skorpion.* Sie sollten immer hinterfragen, ob es auch wirklich Ihr eigener Weg ist, dem Sie folgen. Womöglich dienen Sie fast unbemerkt einem fremden oder alten Sippenmuster. Falls Verstopfung oder Darmprobleme auftauchen, dann sollten Sie sich fragen, was Sie nicht loslassen können. Im Falle einer Krankheit brauchen Sie intensive Heilungsprozesse, denn da hilft keine sanfte Badekur. Selbsterfahrungen sind förderlich, verschiedene psychotherapeutische Behandlungen, die alles Unbewusste ins Bewusstsein holen und tiefe energetische Blockaden lösen!

**Zwillinge ist Herrscher von Haus drei**

Hier bilden wir uns, entwickeln unsere Lernfähigkeit, unsere Sprache, unsere Kultur und das Kollektive. Hier werden Denknormen übermittelt. Planeten im dritten Haus zeigen unsere natürlichen Kontakte auf, unsere Verwandtschaft, die Nachbarn und unsere Geschwister. Sind Planeten in diesem Haus, dann erleben wir diese Bereiche besonders deutlich!

# Aszendent Krebs

Der Krebs-Aszendent nimmt seine Welt vor allem emotional wahr. Seine Feinfühligkeit für das ihn umgebende Umfeld macht ihn auch äußerst empfindsam für die Bedürfnisse anderer Menschen. Zugleich setzt er sich damit einer ständigen Gefahr aus, verletzt zu werden. Deshalb will er nicht vorwärts drängen, sondern krebst lieber seit- oder rückwärts, damit ihn kein anderer umrennen kann. Auch von der eigenen Empfindsamkeit wird er bisweilen förmlich überwältigt. Beim Krebs-Aszendenten spielt der Einfluss des *Mondes* eine starke Rolle, der die Gefühlsnatur stimuliert und je nach Zeichen, Haus und seinen Aspekten unseren Kontaktwunsch, unser Bedürfnis nach Zärtlichkeit, Verständnis und unsere seelische Geborgenheit symbolisiert.

*Sie sind äußerst empfindsam und stehen unter dem Einfluss des Mondes.*

Als Krebs-Aszendent reagierten Sie schon bei der Geburt sehr sensibel auf aggressive, bedrohliche oder störende Einflüsse von außen. Ganz schlimm ist es für Sie, wenn geliebte Personen Ihnen gegenüber eine mangelnde Zuwendung zeigen. Wechselnde Stimmungen (Mond = Luna = Launen) überschwemmen Ihre Gefühlslage. Wenn Sie sich davor gar nicht mehr retten können, ziehen Sie sich zurück, um einer Überflutung Ihres melancholischen Temperaments zu entgehen. Passende Sprichwörter für den Krebs wären: »Der Apfel fällt nicht weit vom Stamm« oder »Aufgeschoben ist nicht aufgehoben«! Äußerlich weist ein Krebs-Aszendent (auch Hans-Dietrich Genscher, 21.3.1927) meistens weiche Gesichtszüge (mondförmig) oder einen eher rundlichen Körper auf.

Andere Menschen fühlen sich durchaus hingezogen zu Ihrer fürsorglichen Art und vertrauen Ihnen gerne ihre Sorgen und Nöte an. Ein Aszendent Krebs geht nie gerne und direkt auf die Dinge zu, sondern er bevorzugt seinen typischen Krebs-Gang (Umwege, etwas seit- oder rückwärts) oder drei Schritte vor und zwei zurück. Sie bleiben sehr lange Ihrer kindlichen Unschuld treu und oft ein Leben lang den Eltern seelisch stark verbunden (im positiven als auch im negativen Sinne). Ihre Erinnerungen aus der Kindheit sind für Sie realer als Ihre zukünftigen Möglichkeiten. So lebt der Krebs oft mehr in der Vergangenheit und ist weniger an der Zukunft interessiert.

*Entwickeln Sie mehr Mut zum eigenen Ich.*

Sie halten sich lieber an vertraute Methoden (und Menschen) und am wohlsten fühlen Sie sich dort, wo Sie seelische Geborgenheit empfinden (»Trautes Heim, Glück allein!«). Dann öffnen Sie sich und zeigen Ihr Mitgefühl, das liebe Menschen gerne in Anspruch nehmen dürfen. Sie sind meist nur in einer Stimmung, die Ihnen voll entspricht, und dort, wo Sie sich auch gefühlsmäßig wohl fühlen, kontaktfreudig. Ansonsten wirken Sie ein bisschen scheu und reserviert. Ihre sehr empfindsame Veranlagung ermöglicht es Ihnen, Ihre Mitmenschen schnell zu verstehen. Der Nachteil daran ist Ihre geringe Frustrationstoleranz. Schnell sind Sie verletzt und reagieren darauf beleidigt mit Rückzug.

Sie brauchen öfter mal eine kleine Ruhepause, um sich zu regenerieren. Ihre emotionale Sicherheit erhalten Sie sich durch vorsichtiges Festhalten an gewohnten Verhaltensweisen, an Erziehungsmustern oder an gesellschaftlichen Konventionen. Dies liefert Ihnen den für Sie notwendigen Schutz vor Verletzungen. Die eigene Wohnung und die Familie spielen eine große Rolle für Ihre psychische Stabilität. Sind Sie ein Feuer- oder Erdzeichen mit Krebs-Aszendent, so könnten Sie durch berufliche Aktivitäten und den daraus resultierenden Erfolgen so manche seelische Unsicherheit oder Stimmungsschwankung des Krebs-Aszendenten wettmachen.

Die Lernaufgabe Ihres Krebs-Aszendenten ist, sich eine stabilere Schale zuzulegen, damit Sie sich besser schützen und abgrenzen können. Dann werden Sie auch mutiger in der Außenwelt auftreten. Sie sollten andere nicht durch Ihre Empfindsamkeit manipulieren (auch Selbstmitleid führt zu nichts), sondern mehr Mut zum eigenen Ich entwickeln. »Lerne mehr Selbstständigkeit im Auftreten«, ist Ihre Lebensaufgabe.

Beim Krebs-Aszendenten befindet sich im sechsten Haus (Gesundheit) das Zeichen *Schütze*. Sie sollten wissen, dass Gesundheit wichtig ist, um sich selbst zu entwickeln. Ab und zu eine Auslandsreise und alle nichtheimischen Arzneien, Tees, Kräuter etc. tun Ihnen echt gut. Wie wär's mal mit einer ayurvedischen Kur?

*Lernen Sie, sich abzugrenzen.*

**Krebs ist Herrscher von Haus vier**

Dieses Haus enthält das Kollektiv, symbolisiert die Zugehörigkeit zu einer Familie, zeigt unsere Herkunft, unsere Heimat und unsere Mutterbeziehung auf. In diesem Haus sind wir mit den Traditionen verbunden, hier empfinden wir ein Nestgefühl, eine Heimatverbundenheit oder entwickeln unser Urvertrauen. Sind Planeten in diesem Haus, dann erleben wir diese Bereiche besonders deutlich!

# Aszendent Löwe

Selbstverständlich weiß ein Löwe-Aszendent schon bei der Geburt, dass die Welt förmlich auf ihn gewartet hat und dass er etwas ganz Besonderes ist, doch er sollte daran denken: »Es ist nicht alles Gold, was glänzt!«

*Sie besitzen sehr viel Kreativität.*

Er fühlt sich oft und gern als Mittelpunkt des Geschehens und zieht, wenn es sein muss, sogar mit Gebrüll die Aufmerksamkeit des Publikums auf seine Person. Da er fest von seiner eigenen Wichtigkeit überzeugt ist (Vorsicht: »Eigenlob stinkt!«), begegnet er unserer Welt selbstsicher. Als Strahlemann/-frau empfängt der Löwe-Aszendent dann auch die entsprechend große Beachtung oder den Respekt seiner Umgebung. Die meisten seiner Handlungen sind deshalb auf Wirkung, auf Anerkennung oder auf Beifall ausgerichtet, und so stellt sich ein Löwe-Aszendent auch gerne zur Schau. Giorgio Armani (11.7.1934) hatte ebenfalls einen Löwe-Aszendenten, aber auch Richard Burton oder Maurice Chevalier profitierten von dieser angeborenen königlichen Ausstrahlung.

Ein Löwe-Aszendent ist ungeheuer kreativ. Sein Auftreten oder seine Erscheinung ist einfach nicht zu übersehen. Meist wirkt er attraktiv auf andere; sein stolzer und selbstbewusster Gang und sein Strahlen im Gesicht zeugen davon. Viele besitzen sogar noch eine auffallende Löwenmähne, doch alle eignen sich für Führungs- oder Repräsentationsaufgaben.

Der Löwe-Aszendent erhöht Ihr Charisma und Sie strahlen eine natürliche Autorität aus. Ihre Anstrengungen sind mehr auf die großen Dinge gerichtet. Sie möchten alles, was Sie tun, aus Überzeugung tun können und verachten kleinliche Charaktere und Verhaltensweisen. Sie zeigen Ihre Abneigung ganz deutlich, denn blöde oder unbedeutende Personen strafen Sie mit königlicher Nichtbeachtung. Neigen Sie eher zum Angriff, dann ist Arroganz Ihre Waffe, doch denken Sie daran: »Arroganz ist das Selbstbewusstsein des Minderwertigkeitskomplexes!« Es ist deshalb wichtig, dass Sie sich durch Ihre Leistungen das Umfeld schaffen, in dem Sie im Großen wirken können. Sonst wäre nur Platz für Prahlerei und erborgte Allüren, aber: »Hochmut kommt meist vor dem Fall.« Allerdings bestehen wenig Zweifel, dass es Ihnen gelingen wird, die Sphäre von Größe und Freiheit zu sichern, um sich wohl fühlen zu können.

*Sie haben schauspielerisches Talent.*

Sie besitzen von Natur aus schauspielerische Talente, die Sie bei Ihrem Auftreten und in Ihrer Wirkung auf andere einsetzen. Leider sind bisweilen auch theatralische Auftritte in diesem Repertoire mit enthalten!

Alles dreht sich meist um Sie selbst, doch oft sehen Sie die Welt zu sehr als Bühne, auf der man seinem persönlichen Geltungsbedürfnis nachkommt. Dann sind Sie nicht sensibel und offen genug für die Wünsche und Bedürfnisse anderer. Negativ bestrahlt stellt ein Löwe-Aszendent seine angeborene Autorität in den Dienst der eigenen Selbstverherrlichung. Positiv bestrahlt beschützt er all seine Lieben und wird seine großzügige Ader zeigen. Wen er liebt, der steht unter seinem persönlichen Schutz (wie auch im Tierreich).

Die *Sonne* ist seine Impulsgeberin. Sie stimuliert die Qualität des Selbstbewusstseins. Sie schenkt uns Lebensenergie und ihre Kraft steuert unseren Willen und unsere Lebensziele.

Das polare Zeichen *Wassermann* könnte Sie daran erinnern, dass reine Selbstverwirklichung nicht unbedingt auf Kosten anderer gehen muss, denn einen Teil davon kann man sehr gut für gemeinschaftliche oder humanitäre Ziele einsetzen. »Lerne zu differenzieren.« Wer nämlich so viel königliche Huldigung und Aufmerksamkeit für sich selbst in Anspruch nimmt (»Vermeide jeden Stolz«), sollte im Gegenzug auch seine königlichen Pflichten (Dienst am Nächsten) erfüllen, denn ein König ist in erster Linie »der oberste Diener seines Volkes«.

Beim Löwe-Aszendenten befindet sich das Zeichen *Steinbock* im sechsten Haus (Gesundheit). Sie sollten deshalb volle Verantwortung für Ihre Gesundheit übernehmen. Doch der Löwe-Aszendent hat dafür wenig Interesse. So werden kleine Beschwerden gerne verdrängt. Wichtig wäre für Sie, in der Gesundheitsvorsorge diszipliniert und konsequent zu sein. Traditionelle Heilweisen wirken bei Ihnen besonders gut, alternative Methoden dafür weniger. Sie brauchen auch in der Therapie feste Strukturen, dann geht es Ihnen bald besser!

*Gesundheit ist ein wichtiges Thema für Sie.*

**Löwe ist Herrscher von Haus fünf**

Hier zeigt sich unsere Spielwiese, hier erproben wir uns selbst, hier experimentieren wir und entwickeln Risikofreude. Dazu gehören künstlerischer Ausdruck, der Einsatz von Talenten, Freizeitvergnügungen, das Imponiergehabe und die Erotik. Und natürlich auch die biologischen Resultate dieser erotischen Vergnügungen. Sind Planeten in diesem Haus, dann erleben wir diese Bereiche besonders deutlich!

# Aszendent Jungfrau

Durch den Jungfrau-Aszendenten sind Sie von Natur aus eher vorsichtig und zurückhaltend, sowohl anderen wie auch sich selbst gegenüber kritisch eingestellt. Sie suchen nach Perfektion (z. B. in der Arbeit, zu Hause, in einem Wissensgebiet) und möchten keine leeren Versprechungen abgeben. So bleiben Sie lieber im Hintergrund, bis Sie Ihre Umgebung genau beobachtet haben (»Vorsicht ist die Mutter der Porzellankiste«). Nur wenn es aus sachlichen oder fachlichen Gründen gerechtfertigt ist, treten Sie in Erscheinung.

*Es fällt Ihnen leichter, etwas für andere als für sich selbst zu fordern.*

Es fällt Ihnen wesentlich leichter, zugunsten einer Sache oder eines Schwächeren Ansprüche zu stellen als für sich selbst. Ein Jungfrau-Aszendent nimmt meistens seine persönlichen Anliegen und Wünsche zu wenig wahr oder traut sich nicht, konkret etwas zu fordern.
Schon bei der Geburt war der erste Eindruck eine eher nüchterne Bestandsaufnahme. Die Frage nach Nützlichkeit und Produktivität in allen Angelegenheiten ist für Sie von großer Bedeutung. Sie erleben sich als Rädchen einer großen Maschinerie und deshalb stellen Sie persönliche Bedürfnisse leider oft zurück. Sie sind krisenerprobt und problemfest. Auch Helmut Schmidt (23.12.1918) bewies häufig genug seinen schier unermüdlichen Arbeitseinsatz und sein Fachwissen.
Sie wollen Ihre Aufgaben optimal erfüllen und beachten übervorsichtig jedes Detail (»Wer den Pfennig nicht ehrt, ist des Talers nicht wert!«). Dadurch wirken Sie bisweilen zu perfektionistisch oder fast bürokratisch.
Ein Jungfrau-Aszendent ist meist von klassischer Schönheit. Auffallend sind wohlgeformte Körperkonturen (außer Sie haben zum Beispiel Jupiter im ersten Haus oder eine gene-

tisch bedingte Veranlagung zu körperlicher Fülle). Der kritisch-prüfende Blick ist Teil Ihrer Ausstrahlung, denn Sie können glänzend analysieren und gut beobachten. Ihnen entgeht kein noch so winziges Detail einer Person oder Sache.

Der Jungfrau-Aszendent ist kein Draufgänger, Abenteurer oder Sprücheklopfer. Sie werden ohnehin immer wieder von großen Ängsten geplagt. Wenn diese dazu führen, dass Sie sich emotional dem Leben gegenüber verschließen, dann werden Sie starr und unflexibel, was sich nach einiger Zeit auch in der Körperhaltung widerspiegeln wird. Durch Fleiß, unermüdlichen Arbeitseinsatz und durch Geschäftigkeit versuchen Sie stets dem Unausweichlichen, Unkontrollierbaren oder dem Chaos in allem zu entkommen.

*Sie sind ein glänzender Beobachter.*

Ein Jungfrau-Aszendent bräuchte noch ein paar feurige oder luftige Elemente, damit er sich nicht als Opfer degradiert. *Merkur* ist Geburtsherrscher der Jungfrau. Er ist die Energie, die wir zum Lernen, zum Kommunizieren und zum Entwickeln eines gesunden Intellekts benötigen. Gerade das Gegenzeichen *Fische* könnte den Jungfrau-Aszendenten immer wieder daran erinnern, dass es zwischen Himmel und Erde Dinge gibt, die man nicht messen, zählen, wiegen oder gar begreifen kann. »Lerne zu vertrauen und vermeide zu viel Skepsis.« Der Lernschritt des Jungfrau-Aszendenten wäre, mehr Hingabe und Mitgefühl zuzulassen und auch den »unordentlichen« Aspekten des Lebens mutiger zu begegnen.

Das Zeichen *Wassermann* befindet sich in Ihrem sechsten Haus (Gesundheit). Normale Gesundheitstherapien sprechen bei Ihnen nicht an. Sie benötigen ungewöhnliche Heilweisen, die noch nicht von den Schulmedizinern anerkannt werden. Und Sie brauchen gute Freunde oder eine Gruppe Gleichgesinnter, die Ihnen neue Anregungen liefern werden. Dann fühlen Sie sich wohl!

**Jungfrau ist Herrscher von Haus sechs**

In diesem Haus geht es um unseren Existenzkampf, die Alltags- und Arbeitsprobleme, um unsere Leistungsbereitschaft, unser soziales Engagement, um den Willen und die Bereitschaft zu dienen und um alle psychosomatischen Prozesse. Sind Planeten in diesem Haus, dann erleben wir diese Bereiche besonders deutlich!

*Hier zeigt sich Ihre Leistungsbereitschaft.*

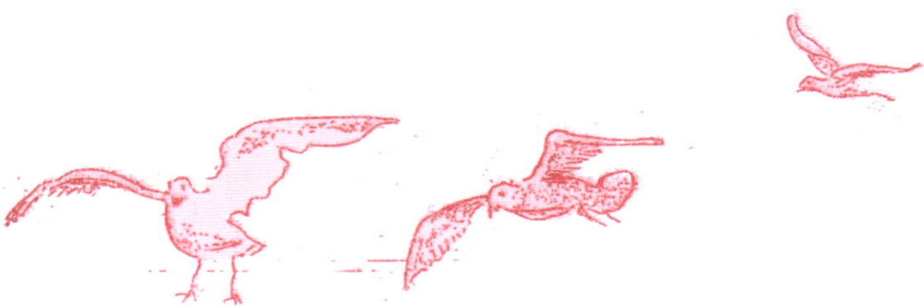

# Aszendent Waage

Aszendent-Waage-Kinder sind ausgesprochen hübsch – vor allem wenn sie durch Kaiserschnitt auf die Welt kamen. Schon an der Mutterbrust lernte das Aszendent-Waage-Baby sehr schnell, dass sein Lächeln die Erwachsenen verzaubert. So zeigt der Waage-Aszendent immer wieder diese Schokoladenseite, denn das ist sein andauernder »Flirt mit dem Leben«. Keine Angst, der Waage-Aszendent ist deshalb noch lange kein Heuchler oder Falschspieler: Er lächelt meistens, denn seine wohlwollende und friedliche Veranlagung, auf die Mitmenschen zuzugehen, veranlasst ihn dazu.

*Sie sind äußerst charmant.*

Natürlich verstärkt sich das Schönheits- und Ästhetikempfinden enorm durch diesen *Venus*-Aszendenten. Ihre große Waffe im Kampf des Lebens ist eindeutig Ihr Charme, den Sie jedoch niemals aufdringlich einsetzen werden. Als Luftzeichen können Sie sich nämlich spielerisch leicht all den verschiedenen Situationen anpassen. Aus dem Rahmen fallen Sie ohnehin nicht gerne. Der Waage-Aszendent weist meist wohlproportionierte Rundungen auf; manche davon sind sogar ausgesprochen graziös und feingliedrig wie Balletttänzer. Doch Ihr guter Geschmack in Bezug auf Kleidung, Farben und Formen ist auf jeden Fall stets positiv ausgeprägt.

Sie haben leider kein Fünkchen kämpferisches Feuer in sich (Ausnahme: Ihr *Mars* im Widder und Spannungsaspekte zwischen *Mars* und *Uranus* oder *Mars* und *Pluto*) und deshalb lehnen Sie Aggressionen und Konflikte ab. Sie möchten Ihre Ziele durch Diplomatie und Entgegenkommen erreichen. Die rohe Ellbogenmentalität eines Widders stößt Sie förmlich ab.

Ihre Kompromissbereitschaft ist enorm groß, doch Ihre Entscheidungsschwäche beschert Ihnen immer wieder eine Art

»Handlungsunfähigkeit«. Auch David Bowie, Alain Delon, John F. Kennedy und Caterina Valente besitzen oder besaßen einen Waage-Aszendenten.

Sie sind stets bemüht, mit allen Menschen in Frieden zu leben. Eine aggressive oder disharmonische Umgebung kann Ihr ganzes Wesen aus dem Gleichgewicht bringen. Sie empfinden dann ein fast zwanghaftes Bedürfnis, auszugleichen, zu vermitteln oder andernfalls zu gehen, doch auch hier spüren Sie: »Wer die Wahl hat, hat die Qual!«

Durch Ihre Kontaktfähigkeit und Ihre Liebe zur Geselligkeit finden Sie immer wieder neue Verbindungen und stellen vielseitige Kontakte her. Ihre geistvolle Lebenseinstellung und Ihr Charme wecken bei anderen viel Sympathie und Zuneigung. Deshalb werden Sie selten wirklich alleine sein.

*Eine harmonische Umgebung bringt Sie wieder ins Gleichgewicht.*

Das Gegenzeichen *Widder* fordert Sie quasi heraus, sich in Ihren Beziehungen mit anderen zu messen. Daher sollten Sie lernen, Ihre Standpunkte auch mal offensiv zu vertreten.

»Lerne, dich zu entscheiden!« ist eine ganz wichtige Lebensaufgabe des Waage-Aszendenten. Dazu muss man die hohen Ideale von ewigem Frieden, von andauernder Gerechtigkeit kurzzeitig zurückstellen, jede Unehrlichkeit vermeiden und sich in dieser unperfekten Welt ganz engagiert einsetzen. Frommes Wunschdenken hilft hier genauso wenig wie konfliktscheue Vermeidungsstrategie. Mit Beschönigungen kann man über all das Unangenehme in der Welt nicht hinwegsehen. Mehr Mut zum eigenen Ich und zum Selbstausdruck ist Lernschritt des Waage-Aszendenten.

Das sechste Haus (Gesundheit) steht bei Ihnen im Zeichen *Fische*. Das macht Sie empfänglich für sehr feinstoffliche Heilmethoden, wie zum Beispiel Aura Soma, Bach-Blüten, Homöopathie und Spagyrik. Durch Allopathie werden Sie dagegen oft kränker. Zum Wohlfühlen brauchen Sie auch ein wenig

Meditation, Religion oder die Beschäftigung mit den spirituellen Geisteswissenschaften, dann geht's Ihnen prima!

*Versuchen Sie es einmal mit Meditation und spirituellen Heilweisen.*

**Waage ist Herrscherin von Haus sieben**

Hier geht es um unser Streben nach Ergänzung, um die Öffnung zum »Du«. Beziehungen und Ehe sind im siebten Haus symbolisiert, aber auch unser Kontaktverhalten, unsere Bindungen, geschäftliche Partnerschaften und Verträge. Sind Planeten in diesem Haus, erleben wir diese Bereiche besonders deutlich!

# Aszendent Skorpion

Der Skorpion-Aszendent weiß schon von klein auf, dass unsere Welt kein sicherer Ort ist. Instinktiv begreift er, dass er dieses geschenkte Leben ganz schnell wieder verlieren kann. Schon die Geburt war für einen Skorpion-Aszendenten oder dessen Mutter ein Kampf um Leben und Tod, denn bei ihm heißt es oft: »Ein Unglück kommt selten allein.«

*Sie haben das Bedürfnis nach intensiven Erlebnissen.*

Er unterscheidet im späteren Leben gern zwischen »Schwarz und Weiß«, »Freund und Feind«. Schon früh entwickelt er deshalb ein Bedürfnis nach ganz intensiven Erlebnissen. Er wird es nicht zeigen, doch er ist extrem eifersüchtig. Vergessen sollte er jedoch nie: »Eifersucht ist eine Leidenschaft, die mit Eifer sucht, was Leiden schafft!«

Tief innen sind Sie davon überzeugt, dass Sie sich nur durch Kontrolle und Macht im Lebenskampf behaupten können.

Der Nachteil dabei ist, dass Sie vor lauter Kontrollzwang, Misstrauen oder Machtbedürfnis blind werden können für die doch sehr erfreulichen Seiten des menschlichen Daseins. Der Skorpion-Aszendent wirkt im Auftreten irgendwie unnahbar. Diesen Schachzug setzen Sie bewusst ein, damit andere Ihnen nicht gleich in die Karten schauen. So wirken Sie mitunter harmlos, auf andere jedoch unwiderstehlich oder gar faszinierend, doch andere wiederum schreckt das förmlich ab.

Rein äußerlich besitzt der Skorpion-Aszendent recht markante Gesichtszüge und meist einen durchdringenden Blick. Er geht nicht offensiv auf andere zu, denn auf diese Weise kann er sie besser kontrollieren. Im günstigsten Moment fährt er dann seinen Stachel aus, doch er sollte daran denken: »Wer anderen eine Grube gräbt, fällt manchmal selbst hinein!«

Sein Herrscher ist *Pluto,* Herr über unser Unterbewusstsein.

Pluto ist das Bild des höheren Selbst, der geistige Wille oder die Kern- und Motivationskraft, die wandelnd und transformierend wirkt. Er demaskiert alles, zerstört alte Konzepte, Über-Ich-Formen und bewirkt Metamorphose. Er steht für »Stirb und werde«, »Tod und Auferstehung«!

Als Skorpion-Aszendent sind Sie engagiert und gleichzeitig kompromisslos. Ausdauer und Entschlossenheit gehören zu Ihren Stärken. Kaum jemand bemerkt Ihre innere Verletzlichkeit und Ihre Überlebens- oder Verlustängste. Viel eher hat sich herumgesprochen, dass Sie ein gefürchteter Gegner sind. Der Ruf des Skorpion-Aszendenden ist denkbar schlecht. Sie besitzen das Gedächtnis eines Elefanten, wenn es um frühere emotionale Verletzungen geht. Eines Tages werden Sie sich dafür rächen, denn Sie können lange auf den günstigsten Moment warten, denn: »Wer zuletzt lacht, lacht am besten.« Im persönlichen Kontakt wirken Sie verschlossen, zurückhaltend oder beobachtend, bis Sie die Situation überblicken.

*Ausdauer und Entschlossenheit gehören zu Ihren Stärken, Eifersuchts- und Hassgefühle zu Ihren Schwächen.*

Meisterhaft beherrschen Sie all Ihre Reaktionen und keiner sieht Ihnen an, welche Ziele Sie in Wahrheit verfolgen. Da Sie das meisterhaft beherrschen, vermuten Sie das auch bei anderen oder spüren verborgene Motivationen sofort heraus. Nur wenn Sie sich stark und sicher fühlen, öffnen Sie sich. Jetzt ist von Ihrer ursprünglichen Zurückhaltung nicht mehr viel übrig. Sie werden dann extrem offen, nehmen kein Blatt mehr vor den Mund oder legen verbal Ihren »Finger« auf die Wunden Ihrer Mitmenschen. Diese Direktheit kann andere sehr verletzen. Allerdings stehen Sie mit der gleichen Konsequenz auch Ihren Freunden bei. Menschen, die Sie einmal akzeptiert haben, werden von Ihnen viel Fairness, Loyalität und Treue zu spüren bekommen.

Die Nachteile eines Skorpions sind Eifersuchts- oder Hassgefühle, denn die größte Angst überfällt Sie, wenn Sie einen

geliebten Menschen loslassen müssen. *Pluto* ist Ihr Herrscher und er will psychische Metamorphosen bewirken. »Lerne, Abschied zu nehmen«, gehört zu Ihrem Lernschritt. Deuten Sie nicht auf die Wunden anderer Menschen, sondern vollziehen Sie eigene Umwandlungen. Das ist der eigentliche Sinn dieser skorpionischen Aufgabe.
Ihr Gegenzeichen *Stier* könnte Ihnen beibringen, etwas mehr Genussfähigkeit und Vertrauen zu entwickeln. Dann können Sie anderen durch Ihre Unerschrockenheit ein Vorbild sein, denn Sie besitzen einen sicheren Instinkt und hintergründige Erkenntnisse, die Sie in den Dienst des Lebens stellen können. Das Loslassen von Misstrauen, von Macht- und Kontrollzwängen, von Rachegefühlen und dafür mehr Hinwendung zu den sinnlichen Genüssen des Lebens wäre der Lernschritt Ihres Skorpion-Aszendenten.

*Wenden Sie sich mehr den genüsslichen Seiten des Lebens zu.*

Wenn Ihre Initiative von anderen gestoppt wird, dann reagieren Sie intensiv. Bei Ihnen befindet sich nämlich das Zeichen *Widder* im sechsten Haus (Gesundheit). Unterdrückte Energien, Stress und Ärger führen deshalb leicht zu Aggressionen, die wiederum Verletzungen, Entzündungen oder Infektionen auslösen können – meist kurz und heftig. Sport ist daher eine gute Gesundheitsvorsorge für Sie, sollten Sie sich dabei auch kräftig verausgaben. Sehr gut wirken bei Ihnen klassische Akupunktur und diverse Spritzen (ein bisschen wehtun darf's schon) – und ganz schnell fühlen Sie sich wieder wohl in Ihrer Haut!

**Skorpion ist Herrscher von Haus acht**

Dieses Haus steht für unsere Gesellschaftsstruktur, für Gesetz und Ordnung, zeigt unser Status- und Machtstreben auf, fordert Anpassung und Pflichten, symbolisiert fremde Mittel und vor allem den Stirb-und-werde-Prozess, dem wir immer wieder unterworfen sind. Befinden sich Planeten in diesem Haus, dann erleben wir diese Bereiche besonders deutlich!

# Aszendent Schütze

*Sie strahlen Optimismus und Zuversicht aus.*

Abraham Lincoln, Bertolt Brecht, Gérard Depardieu, Friedrich Dürrenmatt, Nelson Mandela, Diego Maradona, Bob Marley, Elizabeth Taylor und Mutter Teresa haben oder hatten einen Schütze-Aszendenten. Eines ist beziehungsweise war ihnen allen gemeinsam: Der Schütze-Aszendent begegnet der Welt voller Optimismus und Zuversicht.

Der freudige Erwartungsdruck der Eltern war schon vor der Geburt vorhanden, denn nichts wurde sehnlicher erwartet als dieses neue Kind, in das man recht große Hoffnungen setzte. Kein Wunder, dass das Schütze-Aszendent-Baby den ersten und prägenden Eindruck gewinnt, auf dieser Welt willkommen zu sein. Das stärkt seine Selbstsicherheit, für einen höheren Auftrag vorgesehen und mit Gottvertrauen ausgerüstet worden zu sein, denn: »Aller guten Dinge sind drei.« Wer von klein auf so stark an Gutes, an Höheres oder an die Wahrheit glaubt, strahlt diese innere Überzeugung auch aus. Die Therapie des »positiven Denkens« beruht ja auch auf diesem Grundprinzip!

Der Herrscher des Schütze-Aszendenten ist *Jupiter.* Er schenkt Ihnen eine Portion Begeisterung und macht Sie zu einem wahren Idealisten, doch er könnte auch den Leitsatz stimulieren: »Wer angibt, hat mehr vom Leben!«

Ungerechtigkeiten spüren Sie sofort und Sie können dann recht jähzornig werden. Doch die Wut ist nicht einem gekränkten Ego entsprungen, sondern sie entzündet sich bei Übertretungen gesellschaftlicher, moralischer oder rechtlicher Grenzen. Ihr Auftreten als Schütze-Aszendent ist selbstsicher und großzügig, denn Jupiter macht sie von Natur aus jovial. Er symbolisiert unser Wertbewusstsein, unser Urteilsvermögen, er schenkt uns den Sinn für die richtigen Proportionen und für Gerechtigkeit. Im günstigsten Fall schenkt er sogar Weisheit! Sie sind davon überzeugt, Recht zu haben oder Gutes zu tun. Und Sie wissen auch: »Jeder ist seines Glückes Schmied!« Gerne zeigen Sie Ihren Vorbildcharakter auch anderen. Da der Schütze seine Größe kennt, neigen einige leider auch zu XXL-Übertreibungen (pathetische Sprücheklopfer, Versprechungen, die nicht eingehalten werden) oder zu fast peinlich theatralischen Auftritten. Rein äußerlich haben viele Schütze-Aszendenten deshalb große Hände oder Füße oder auch ein bisschen Körperfülle (je nach genetischer Veranlagung). Ihr Blick ist offen und dieser richtet sich auf die großen Dinge des Lebens. Leicht übersehen Sie deshalb so manches Detail oder das Unmittelbarste direkt neben Ihnen.

*Sie beschäftigen sich gern mit den großen Dingen des Lebens.*

Ihre Ausstrahlung wird durch Ihre optimistische Grundhaltung und eine vertrauensvolle Lebenseinstellung positiv abgerundet, denn: »Wer das Leben nicht genießen kann, wird bald selbst ungenießbar.« Die Mitmenschen bringen Ihnen deshalb viel Sympathie entgegen.

Auch wenn es kaum erkannt wird: Ihr Selbstwertgefühl ist meist empfindsam und daher suchen Sie in Ihrer Umgebung nach Anerkennung, Bestätigung oder Beachtung. Doch Sie besitzen auch einen starken Freiheitsdrang und der treibt Sie manchmal zu recht impulsiven Handlungen an, wenn Sie sich davon mehr Unabhängigkeit und Selbstständigkeit versprechen.

Es wird für Sie sehr wichtig sein, dass Sie im Beruf einen großen persönlichen Spielraum haben, denn Sie würden es nur schlecht ertragen, sich »eingesperrt« oder »gegängelt« zu fühlen. Meist besitzt der Schütze-Aszendent ein gutes Gedächtnis, doch irgendetwas hat er ständig verlegt oder er sucht oft nach kleinen Dingen.

Ihr polares Zeichen *Zwillinge* könnte Ihnen das Wissen verleihen, dass das große Ganze stets aus verschiedenen Einzelteilen zusammengesetzt ist. »Lerne, dich zu stellen, auch dort, wo es manchmal unangenehm wird.« Als Schütze-Aszendent sollten Sie versuchen, objektive Gegebenheiten zu akzeptieren, aber auch die Meinungen und Wahrheiten anderer zu tolerieren, denn: »Arroganz ist das Selbstbewusstsein des Minderwertigkeitskomplexes.«

*Massagen und Reiki fördern Ihr Wohlbefinden.*

Bei Ihnen befindet sich das Zeichen *Stier* in Haus sechs (Gesundheit). Sie sprechen besonders gut auf alle körperzentrierten Therapien an. Diverse Massagen und Reiki fördern Ihr Wohlgefühl, schöne Düfte, aber auch ein gutes Essen mit Freunden (natürlich auch zu zweit) tragen schnell zum Genesungsprozess bei. Wollten Sie eine Diät machen? Vergessen Sie das, es klappt nicht. Sich wohl fühlen ist wichtiger!

**Schütze ist Herrscher von Haus neun**

In diesem Haus symbolisiert sich unser selbstständiges Denken, das eigene Weltbild, unsere Gesinnung, die Wahrheitsliebe, unsere Zivilcourage. Hier wollen wir unser Wissen erweitern (auch durch Reisen in ferne Länder). Sind Planeten in diesem Haus, dann erleben wir diese Bereiche besonders deutlich!

# Aszendent Steinbock

Einen Steinbock-Aszendenten besitzen zum Beispiel Sean Connery, Königin Elizabeth II., die Schauspielerin Jane Fonda und der schon verstorbene Erich Honecker. Vielleicht haben sich Ihre Eltern ein Kind anderen Geschlechts gewünscht? Oder Ihre Geburt fand zu einer ungünstigen Zeit statt, in der weder Freude noch die nötige Sicherheit vorhanden war? Wie dem auch sei: Das Kind mit dem Steinbock-Aszendenten kam auf die Welt (»Aller Anfang ist schwer«) und hatte sofort das Gefühl, nicht zu genügen. »Erst die Arbeit, dann das Spiel« ist deshalb bald seine Devise geworden. So wird ein Steinbock-Aszendent-Kind recht schnell erwachsen, damit es sich in der Welt durch seine großen Leistungen beweisen kann und auf diesem Weg endlich die ersehnte Anerkennung erhält.

*Sie sind ein Einzelkämpfer, der großes Durchhaltevermögen beweist.*

Von klein auf ist der Steinbock-Aszendent zum Einzelkämpfer geboren, und wo ein anderer aufgeben würde, beißt ein Steinbock jetzt erst recht seine Zähne zusammen und folgt unbeirrt und mit großer Ausdauer seinem Ziel, denn er weiß: »Steter Tropfen höhlt den Stein!«

Kritik macht ihn nur noch disziplinierter. Ständig muss er sich und anderen beweisen, dass er doch etwas wert ist. Deshalb nimmt er keine Abkürzung, sondern entscheidet sich für den noch steinigeren Weg. Das zeigt sich auch äußerlich in meist hageren Gesichtszügen und einer schlanken Figur. Alles strahlt nüchterne Klarheit aus, jeder Schnörkel wird vermieden (außer Sie besitzen eine sehr sinnliche Venus im Geburtshoroskop).

Sein Geburtsherrscher ist *Saturn* und der will Klarheit und Kargheit. Diese Energie entspricht unserer Körperlichkeit, unserem Bedürfnis nach Ordnung und Abgrenzung, nach Sicherheit, Ruhe und Aufrechterhaltung des alten Zustands!

Steinbock-Aszendenten fordern sehr viel von sich und gönnen sich meist zu wenig. Die Begegnung mit anderen Menschen findet unter unsichtbaren Schutzmauern statt, dessen Steine aus Disziplin und Pflichtbewusstsein gebaut wurden, denn: »Kommt Zeit, kommt Rat.«

*Sie sind ein ernsthafter und verantwortungsbewusster Mensch.*

Sprühende Lebendigkeit und fröhliche Ausgelassenheit kennt der Steinbock-Aszendent nicht, doch »Ehrlich währt am längsten« zählt zu seinen Charakterstärken. Gottlob finden sich im Geburtshoroskop meist noch Planeten und Aspekte, die die leichteren Seiten des Lebens stimulieren. Allerdings vermehrt der Steinbock-Aszendent den Ehrgeiz, das Karrierestreben und das Pflichtgefühl. Die Welt des Steinbocks ist eher ernst und voller Verantwortung. Man wird erst beim zweiten Anlauf mit ihm warm und dann erkennt man seine Aufrichtigkeit, denn er weiß zutiefst: »Lügen haben kurze Beine!«

Sie sind durch den Steinbock-Aszendenten eher zurückhaltend und distanziert, wenn Sie jemand nicht kennen. Vielleicht denken Sie auch: »Wenn du beliebt sein willst, dann komm lieber selten«? Ihre Selbstkritik ist meist zu stark entwickelt. Oft beurteilen Sie auch Ihre Mitmenschen nach ähnlich strengen Kriterien. Ihr Bedürfnis nach Perfektion und Superleistungen ist verantwortlich für Phasen der Mutlosigkeit. Allerdings besitzen Sie eine zähe Konstitution und sind deshalb in der Lage, lang andauernde Belastungen zu überstehen. Ihr Verhalten ist eher von Ernst und Vorsicht geprägt. Bis Sie andere näher an sich heranlassen, brauchen Sie erst ein Gefühl von Vertrautheit oder Überlegenheit.

Bisweilen werden Sie von Schuld- oder Einsamkeitsgefühlen geplagt. In den depressiven Phasen Ihres Lebens neigen Sie zu unerklärlichen Rückzugs- und Verdrängungsreaktionen.

Beruflich erwerben Sie sich durch Leistung und Fachwissen die Achtung und Anerkennung Ihrer Mitmenschen. Sie könnten

die Karriere eines Spezialisten erreichen, falls nicht Ihr *Uranus* etwas dagegen hat.
Vom Gegenzeichen *Krebs* kann der Steinbock-Aszendent lernen, dass sich echte Verantwortlichkeit nicht nur auf äußere Pflichten und die Lösung verschiedenster Aufgaben bezieht, sondern dass ein Mensch auch gegenüber seinen eigenen Bedürfnissen Verantwortung tragen muss. Dies betrifft sowohl den eigenen Körper wie die eigene Seele. Nur so können Sie im Laufe Ihres Lebens – ähnlich einem guten Wein – zu einem charaktervollen, starken und zugleich gefühlvollen und erlebnisfähigen Menschen heranreifen: »Lerne, auch andere zu verstehen, und verwende keine Verallgemeinerungen.«
Das ist Ihre Lernaufgabe. Da sich bei Ihnen das Zeichen *Zwillinge* im sechsten Haus (Gesundheit) befindet, sollten Sie viele Dinge gleichzeitig nutzen, um gesund zu bleiben oder zu werden. Nur ein Mittelchen wird nicht helfen, denn der Körper braucht verschiedene Anregungen und ist neugierig darauf. Auch wenn Sie es als Steinbock-Aszendent nicht glauben wollen: Sie brauchen viel frische Luft und regelmäßige Atemübungen, dann fühlen Sie sich wohl in Ihrer Haut!

**Steinbock ist Herrscher von Haus zehn**

Dieses Haus symbolisiert Beruf und Berufung, unsere Autorität oder Anmaßung, unsere Karriere, unseren sozialen Status in der Gesellschaft, unsere wichtigen Lebensziele, unsere Führungsaufgaben oder unser Machtstreben. Sind Planeten in diesem Haus, dann erleben wir diese Bereiche besonders intensiv!

*Geben Sie sich der Vielfalt hin.*

# Aszendent Wassermann

*Sie suchen Neuland in allen Dingen.*

Der Aszendent Wassermann zeigt sich auch bei Giacomo Casanova, Carl Gustav Jung, bei Karl Marx oder Maximilien de Robespierre. Ein Wassermann-Aszendent sucht sich schon bei seiner Geburt recht unmögliche Situationen aus. Kleine Pannen (Geburt im Taxi, im Zug, im Flugzeug) und auch größeres Pech (Geburtsprobleme, weil er ein Frühchen oder zu spät dran ist, quer liegt oder mit den Füßen voran in die Welt will) sind da meistens an der Tagesordnung. Warum? Das Normale liebt er einfach nicht, vermutlich weil er Angst hat, *nur* ein gewöhnlicher Mensch zu sein: »Lieber schrullig als 08/15«, das ist eine seiner Devisen!

Der Geburtsherrscher ist *Uranus,* jene schöpferische Intelligenz, die Neuland in allen Dingen sucht. Uranus stimuliert den Forscher- und Erfindergeist und sichert sich durch technische oder geistige Systeme ab.

Dieser Start ins Leben setzt sich beim Wassermann-Aszendenten auch später auf seiner Lebensreise fort. Immerzu hagelt es Überraschungen in seinem Leben. Er wechselt die Stellungen wie andere die Hemden, er zieht so oft um, dass er mit dem Zählen schon aufgehört hat. Von heute auf morgen lässt er alles hinter sich, was er vorher aufgebaut hat. Neuanfänge kennt er zur Genüge in seinem Leben, doch er weint auch den finanziellen Verlusten keine Tränen nach. Gerade deshalb fällt es dem Wassermann-Aszendenten schwer, allzu verbindliche Beziehungen zu anderen Menschen einzugehen. Viel eher sucht er Freiheit und eine gewisse Unverbindlichkeit (Freunde), doch vor allem einen regen geistigen Austausch. So kann man ihn als ungeheuer flexibel und offen bezeichnen und auch als liebenswerten Humanisten. Sein kumpelhaftes Auf-

treten ist sein Markenzeichen, denn er begegnet jedem Menschen auf die gleiche menschliche Weise – egal ob ein echter König oder ein armer Bettler seinen Weg kreuzt.
Sein Blick ist wach, denn er ist fasziniert von den schillernden Möglichkeiten des Lebens. Er besitzt schon früh eine Art »Vision einer idealen Gesellschaft« und hat tausend Ideen, wie man diese verwirklichen kann.
Irgendwie ähnelt er einem stets zerstreuten Professor. Genie und Wahnsinn liegen bei ihm dicht beieinander und er tänzelt fasziniert auf diesem dünnen Seil. »Wer sich nicht ändert, gleicht einem abgetragenen Rock«, ist seine Devise!

*Echte Freundschaft und soziale Gerechtigkeit sind Ihre Themen.*

Das meiste Leben findet natürlich im Kopf statt und so vergisst er oft seinen Körper. Seine Ausstrahlung ist nur selten sehr herzlich oder gar erotisch, dafür jedoch äußerst interessant oder sogar exzentrisch.
Durch den Wassermann-Aszendenten haben Sie ein starkes Bedürfnis nach echter Freundschaft und nach sozialer Gerechtigkeit auf dieser Welt. Nicht selten interessieren Sie sich für soziale, gesellschaftspolitische Belange, für technische oder geistige Verbesserungen, für Gentechnologie, Ökologie, Geisteswissenschaften oder ähnliche Spezialthemen.
Sie sind originell und freiheitsliebend, doch es fällt Ihnen sehr schwer, sich unterzuordnen. Als Wassermann-Aszendent sind Sie ein »Kind der Zeit« und oft sogar noch Ihrer Zeit voraus. Sie sind das lebendige Beispiel eines »Freigeistes«. Ihr Interesse gilt Neuem, sinnvollen Reformen oder dem Unkonventionellen. Ihre große geistige Aktivität prägt Ihr Verhalten und Ihre Lebenseinstellung. Es fällt Ihnen leicht, Kontakte zu schließen, und Sie brauchen einen größeren Bekanntenkreis, damit Sie genügend neue Anregungen bekommen. Trotz Ihrer Beliebtheit bei Freunden sind Sie sorgsam bestrebt, Ihre Unabhängigkeit und Individualität zu wahren. Ein echter Wassermann-

Aszendent widerlegt ganz real die folgende Weisheit: »Wir wurden alle als Originale geboren, doch die meisten von uns sterben als Kopien.« Das kann Ihnen nicht passieren!
Sind Sie dazu in einem »erdigen« Tierkreiszeichen geboren (Stier, Jungfrau oder Steinbock), dann besitzen Sie auch den nötigen Realismus und Fleiß, um Ihre Visionen umzusetzen.
Ihr polares Zeichen *Löwe* könnte Sie als Wassermann-Aszendenten daran erinnern, dass Ideen nicht nur im Kopf vorhanden sein sollten, denn der wird bei so viel Andrang von Ideen dann zwangsläufig blutleer. Bezwingen Sie auch Ihre innere Unruhe und jede Impulsivität. Erst wenn Sie an einer Sache dranbleiben und Ihr *Herz* zum Mittelpunkt Ihrer Visionen machen, werden Sie zum Vorreiter einer besseren und menschlicheren Gesellschaft werden, zum Erbauer des Wassermann-Zeitalters – das ist eine Ihrer Lebensaufgaben.

*Gefühlsbetontes Handeln könnte von Vorteil sein.*

Bei Ihnen befindet sich das Zeichen *Krebs* im sechsten Haus (Gesundheit). Sie müssen sich deshalb in der Arbeit wohl fühlen und sollten genau beobachten, wann es Ihnen besonders gut geht und wann Sie körperlich reagieren. Achten Sie auch darauf, dass Sie sich in Ihrer Wohnung recht behaglich fühlen. Hören Sie auf Ihre »innere Stimme« und auf Ihre Träume. Falls Sie einmal krank werden, sprechen Sie gut auf alle feinstofflichen Therapien an (Aura Soma, Bach-Blüten, Homöopathie, Spagyrik) und auch positiv auf einfühlsame Therapeuten.

### Wassermann ist Herrscher von Haus elf

Hier geht es um unsere Freunde, um unser Bild des höheren Menschen, um Zukunftsideale, um unsere Ethik, das Zusammengehörigkeitsgefühl mit Gleichgesinnten, das Vereinigungsstreben und um Reformen. Hier erfahren wir, was wahre Humanität bedeutet. Sind Planeten in diesem Haus, dann erleben wir diese Bereiche besonders deutlich!

# Aszendent Fische

Rainer Werner Fassbinder und Alfred Hitchcock, aber auch Hermann Graf Keyserling und Mirelle Mathieu sind Beispiele für Menschen mit einem Fische-Aszendenten.

Der Fische-Aszendent ist nicht so ganz von dieser Welt, denn: »Stille Wasser sind immer tief.« Schon bei seiner Geburt war er unschlüssig, ob er wirklich diese wässrige Wärme und Geborgenheit des Mutterschosses verlassen sollte. Man musste sicherlich aus ärztlicher Sicht ein bisschen nachhelfen, denn Vorwärtsdrängen ist nun mal nicht seine Devise.

*Sie können sich wie ein Chamäleon an Ihre Umgebung anpassen.*

Ihr Lebensimpuls ist durch den Aszendenten nicht eindeutig. Sie stehen nicht so gerne im Mittelpunkt der Aufmerksamkeit anderer, außer Ihr Fische-Aszendent wird durch ein feurige Sonne (Widder, Löwe, Schütze) doch noch ichbezogener. Viel eher fühlen Sie sich wohl, wenn Sie sich wieder zurückziehen oder sich Ihren Tagträumen widmen können.

Rein äußerlich ist ein Fische-Aszendent nur sehr schwer auszumachen, denn sein Herrscher *Neptun* kann sich erstaunlich wandeln und sich wie ein Chamäleon an seine Umgebung, eine Situation oder Erfordernisse anpassen. Manche besitzen große »Fisch-Augen«, doch viele erscheinen auch in allen möglichen körperlichen Tarnkappen. Sie nehmen die Schwingung ihrer Umwelt stark auf und verschmelzen symbiotisch mit dieser. Neptun stimuliert die universelle Menschenliebe, das höchste Liebesideal, unsere Identifikation mit bestimmten Dingen, unseren Idealismus, unser soziales Engagement mithilfe unseres Willens zum Helfen. Am ehesten erkennt man den Fische-Aszendenten durch seine großen, meist verträumten Augen. Häufig sind die Gesichtszüge nicht so markant, eher ein bisschen wässrig oder verschwommen – ähnlich wie manchmal auch seine Körperformen. Die Palette seiner Ausstrahlung kann von Hilflosigkeit über grazile Anmut bis hin zur selbstlosen Aufopferung reichen. Ein Fische-Aszendent ist besonders durchlässig für Beeinflussung von außen. Der Nachteil dabei ist, dass er zwangsläufig nur wenig Widerstandskraft besitzt – vor allem gegen negative Einflüsse. Wird er längerfristig überfordert, entsteht leicht ein chronisches Sucht- oder Fluchtverhalten. Im schlimmsten Fall kann er von den Außeneindrücken dieser Welt förmlich weggeschwemmt werden. Dann verliert er sich im Ganzen, weil er nicht konkret zu sich selbst steht. Man kann den Fische-Aszendenten als schweigsamen Menschen bezeichnen. Sein Bedürfnis, mit anderen zu verschmelzen, bringt automatisch Probleme bei konkreten Handlungen oder bei verbindlichen Entscheidungen. Wird es schwierig oder zu eng für ihn, dann ist er plötzlich wie vom Erdboden verschwunden.

*Sie haben eine fast sensitive Veranlagung.*

Als Fische-Aszendent hat Ihre Erscheinung etwas Transparentes. Ihre Augen drücken Durchlässigkeit aus. Ihr Gefühl zwingt Sie oft dazu, sich abzugrenzen, um nicht von den vielen Fluktuationen der Umwelt völlig eingenommen zu werden. Am ehesten können Sie sich öffnen, wenn jemand leidet oder Ihre Hilfe benötigt. Dann wird Ihnen Ihre Anteilnahme und Ihr Mitgefühl viel Sympathie und Zuneigung von anderen einbringen. Allerdings könnten Ihre Gutmütigkeit und Ihre nicht immer konsequente Haltung Ihnen Schwierigkeiten verursachen, weil Sie Mühe haben, sich eindeutig zu etwas zu bekennen oder sich klar abzugrenzen. Sie machen sich zwar immer wieder Hoffnungen, doch Sie wissen auch: »Wer um eine Hoffnung ärmer ist, ist auch um eine Erfahrung reicher!«

Es ist deshalb wichtig für Sie, dass Sie mehr Selbstkontrolle üben und eine gewisse Disziplin entwickeln, um das, was nicht zu Ihnen passt oder Ihnen schadet, abzuwehren. Dann können

Sie auch Ihre Unsicherheiten überwinden, die meist aus einer allzu großen Anteilnahme am aktuellen Geschehen resultiert. Im Gegenzug kann ein Fische-Aszendent eine zu starke Sonne (Ichbezogenheit) im Geburtshoroskop sanft abmildern. Ihr Fische-Aszendent schenkt Ihnen eine fast sensitive Veranlagung, Dinge vorauszuahnen und verborgene Motive bei anderen zu erkennen, bevor diese je ausgesprochen werden. Möglicherweise ist Ihre »innere Stimme« oder Ihr Traumleben recht aktiv und schickt Ihnen wichtige Botschaften.

*Schärfen Sie Ihren Blick für die Realität.*

Ihr Gegenzeichen *Jungfrau* könnte Sie dazu ermuntern, das rechte Maß zu entwickeln, Ihren Blick für die Realität und für das Wesentliche zu schärfen. Nicht immer ist »Reden Silber und Schweigen Gold«. Nehmen Sie konkret Stellung und hüten Sie sich vor Illusionen. Lernen Sie die zeitweise Einsamkeit zu schätzen, das sind wichtige Lernaufgaben für Sie.
Das Zeichen *Löwe* herrscht in Ihrem sechsten Haus (Gesundheit). Sie brauchen viel Sonne und Wärme und sollten Ihren Kreislauf sanft, aber regelmäßig trainieren. Hören Sie auf Ihr Herz, und falls Sie doch mal krank werden, suchen Sie sich eine Autorität als Therapeuten oder Therapien, die »Wunder« vollbracht haben, dann fühlen Sie sich bald wieder wohl!

**Fische ist Herrscher von Haus zwölf**

Hier ist unser Alleinsein symbolisiert, die Verinnerlichung oder die Isolation. Auch die Flucht ins Irrationale oder der Zugang zur Transzendenz ist hier angezeigt, aber auch Jenseitsphilosophien oder esoterische Lebensinhalte. Hier ist Helfergeist zu finden oder Hilflosigkeit. Sind Planeten in diesem Haus, dann spüren wir diese Bereiche besonders deutlich!

*Fazit:* Es empfiehlt sich, auch die Gesundheitstipps des jeweiligen Aszendenten auszuprobieren!

# Kontaktadressen und Literaturempfehlungen

**Aderlass:** B. Aschner: »Lehrbuch der Konstitutionstherapie«, Hippokrates Verlag; Abele/Stiefvater: »Aschner-Fibel«, Haug Verlag.

**Alchimistische Kosmetik:** Lunasol, Soluna GmbH, Artur-Proeller-Straße 9, 86609 Donauwörth, Tel.: 09 06/70 60 60, Fax: 09 06/7 06 06 78, E-Mail: info@Soluna.de.

**Akupressur:** F. T. Lie: »Akupressur – Chinesische Punktmassage«, Falken Verlag; G. Stux: »Akupunktur, Akupressur und Moxibustion«, Birkhäuser Verlag; H. Tenk: »Punktmassage für Erste Hilfe und Energieausgleich«, Maudrich Verlag; Dr. Frank R. Bahr: »Akupressur, Erfolgreiche Selbstbehandlung bei Schmerzen und Beschwerden«, Mosaik Verlag. Adressen siehe »Akupunktur«.

**Akupunktur:** C.-H. Hempen: »Atlas für Akupunktur«, dtv Verlag; Dr. Wolf Ulrich: »Schmerzfrei durch Akupunktur und Akupressur«, Heyne Verlag; Carl-Hermann Hempen: »Die Medizin der Chinesen«, Goldmann Verlag; Ted J. Kaptchuk: »Das große Buch der chinesischen Medizin«, Heyne Verlag; Christine Steinbrecht-Baade: »Die Heilkraft der Traditionellen Chinesischen Medizin«, Heyne Verlag; Engelhardt/Hempen: »Chinesische Diätetik«, Urban & Schwarzenberg Verlag; N. Krack: »Die Pulslehre in der chinesischen Medizin«, Haug Verlag. Adressen: SMS Internat. Gesellsch. f. Chinesische Medizin, Franz-Joseph-Str. 38, 80801 München, Tel.: 0 89/33 56 74, Fax: 0 89/33 73 52, Internet: www.tcm.edu; Z.F.M. GmbH, Tagesklinik für Traditionelle Chinesische Medizin, Elisabethenstr. 62, 64283 Darmstadt, Tel.: 0 61 51/3 07 69 50, Fax: 0 61 51/3 07 69-5 26, Internet: www.zfm.de; Tagesklinik für Traditionelle Chinesische Medizin am Bodensee, Immenstaad, Tel.: 0 75 45/90 16 81; Ludwig Boltzmann Institut für Akupunktur, Kaiserin Elisabeth Spital, Huglgasse 1–3, A-1150 Wien, Tel.: 00 43/1/9 81 04-57, Fax: 00 41/1/9 81 04-57 59, Internet: www.akupunktur.at; Österr. Wissenschaftliche Ärzteges. für Akupunktur, Schwindstr. 3/9, A-1040 Wien, Tel.: 00 43/1/5 05 03 92, Fax: 00 43/1/5 04 15 02; SAGA Schweizerische Ärzteges. für Akupunktur und Chinesische Medizin, Postfach 20 03, CH-8021 Zürich, Fax: 00 41/1/8 10 22 16, E-Mail: sekretariat-@saga.tcm.ch, www. saga.tcm.ch.

**Amulette/Talismane:** Gibt es im esoterischen Fachhandel oder auch bei Magic Discount, Postfach 14 22, 83604 Holzkirchen, Fax: 0 89/3 56 63 62 61, E-Mail: Magicdiscount@gmx.de.

**Anthroposophische Medizin:** R. Steiner: »Geisteswissenschaft und Medizin«, Rudolf Steiner Verlag; R. Steiner, I. Wegmann: »Grundlegendes für eine Erweiterung der Heilkunst nach geisteswissenschaftlichen Erkenntnissen«, Rudolf Steiner Verlag. Gesellschaft anthroposophischer Ärzte e. V., Roggenstr. 82, 70794 Filderstadt, Tel.: 07 11/7 77 80 00; Verein für erweiterte Heilweisen (Anthroposophie) e. V., Johannes-Kepler-Str. 56–58, 75347 Bad Liebenzell, Tel.: 0 70 52/20 34, Fax: 0 70 52/41 07.
**Aromatherapie:** Handbuch »Aromatherapie«, Haug Verlag; J. Valnet: »Aromatherapie«, Heyne Verlag; Erich Keller: »Astro-Düfte«; Erich Keller: »Das Handbuch der ätherischen Öle«; Erich Keller: »Essenzen der Schönheit«; Erich Keller: »Erlebnis Aromatherapie«, alle im Goldmann Verlag; »Das große Lexikon der Heilsteine, Düfte und Kräuter«, Methusalem Verlag. Forum Essenzia (Aromatherapie), Meier-Helmbrecht-Str. 4, 81377 München, Tel.: 0 89/7 14 53 91, Fax: 0 89/71 03 99 29.
**Arthrosetherapie:** Pulsierende elektromagnetische Felder (Auskunft über den BIO-Leserservice, Tel.: 0 81 58/80 21, Fax: 0 81 58/71 42, Internet: www.magazin-bio.de; »dona 200-S« von der Firma Opfermann Arzneimittel GmbH, 51674 Wiehl; ARTHROSE-Gesellschaft für prophylaktische Orthopädie, Tel.: 0 89/93 93 39 37 und Tel.: 0 89/1 59 63 54, Fax: 089/1 59 65 65.
**Astrologie:** Klein/Dahlke: »Das senkrechte Weltbild«, Heyne Verlag; Stephen Arroyo: »Astrologie, Psychologie und die vier Elemente«; Stephen Arroyo: »Astrologie, Karma und Transformation«, beides im Hugendubel Verlag; Anna D. Garuda: »Der große Astrokalender 2001«, Goldmann Verlag, und viele weitere Fachbücher über Astrologie.
**Astrologie der Indianer:** Sun Bear und Wabun Wind: »Das Medizinrad – Übungen zur Heilung der Erde«, Goldmann Verlag.
**Atemtherapie:** Ilse Middendorf: »Der erfahrbare Atem«, Junfermann Verlag; Verena Schmid-Eschmann: »Richtig atmen – aber wie?«, Heyne Verlag. Ilse Middendorf-Institut für den Erfahrbaren Atem, Viktoria-Luise-Platz 9, 10777 Berlin, Tel.: 0 30/2 18 38 58; Institut für Atemtherapie, Atemunterricht und Sprechtechnik, Bruchstraße 13–15, 40235 Düsseldorf, Tel.: 02 11/67 41 26; Österreichische Gesellschaft für Autogenes Training und Allgemeine Psychotherapie, Schnelleingasse 8, A-1040 Wien, Tel.: 00 43/1/9 83 35 65; Institut für Körperzentrierte Psychotherapie und Ganzheitliche Atemschule, Kanzleistraße 17, CH-8004 Zürich, Tel.: 00 41/1/2 42 29 30, Fax: 00 41/1/2 42 72 52.
**Augentraining nach Bates:** K. Schutt/B. Rumpler: »Besser sehen durch Augentraining«, Falken Verlag; Marilyn B. Rosanes-Berrett: »Besser sehen durch Augentraining«, Heyne Verlag.

**Aura Soma:** Vicky Wall: »Aura Soma, das Wunder der Farbheilung«, H.-J. Maurer Verlag; Dora Van Gelder-Kunt/Shafica Karagulla: »Die Chakras und die feinstofflichen Körper des Menschen«, Aquamarin Verlag.
**Autogenes Training:** Dr. med. Herbert Mensen: »Das ABC des autogenen Trainings«, Goldmann Verlag; Eberhard Grünzinger: »Entspannung durch autogenes Training«, Heyne Verlag; B. Hoffmann: »Handbuch des autogenen Trainings«, dtv München; J. H. Schultz: »Das autogene Training« und »Übungsheft für das autogene Training«, beide im Thieme Verlag.
**Ayurveda:** Amadea Morningstar/Urmila Desai: »Die Ayurveda-Küche«, Heyne Verlag; Dr. Vinod Verma: »Ayurveda, der Weg des gesunden Lebens«, O. W. Barth Verlag, Scherz Verlag; Elisabeth Veit: »Mit Ayurveda zum Idealgewicht«, Heyne Verlag; Dr. Karin Pirc: »Ayurveda – Kursbuch für Mutter und Kind«, Heyne Verlag; Dr. Ulrich Bauhofer: »Aufbruch zur Stille«, Lübbe Verlag; Dr. Ernst Schrott: »Ayurveda für jeden Tag«, Mosaik Verlag; Dr. Ernst Schrott: »Die köstliche Küche des Ayurveda«, Heyne Verlag; M. Warelopoulos/B. Heyn/A. Dinhopl: »Gesund genießen mit Ayurveda«, Heyne Verlag. Eine Liste praktizierender Ärzte und Heilpraktiker sowie ayurvedischer Gesundheitszentren erhalten Sie bei der Deutschen Gesellschaft für Ayurveda e. V., Wildbadstraße 201, 56841 Traben-Trarbach, Tel.: 0 65 41/58 17, Fax: 0 65 41/81 19 82, E-Mail: ayur-veda@net-avt.de, Internet: www.ayurveda-gesellschaft.de; Österreichische Gesellschaft für Ayurvedische Medizin, Biberstraße 22/2, A-1010 Wien, Tel.: 00 43/1/5 13 43 52, Fax: 00 43/1/5 13 96 60.
**Bach-Blüten-Therapie:** Mechthild Scheffer: »Die Original Bach-Blüten-Therapie«, Hugendubel Verlag; Mechthild Scheffer: »Selbsthilfe durch Bach-Blüten-Therapie«, Heyne Verlag; Mechthild Scheffer: »Lehrbuch der Original Bach-Blütentherapie für die Arzt- und Naturheilpraxis«, Urban & Fischer Verlag; Mechthild Scheffer/Wolf-Dieter Storl: »Neue Einsichten in die Bach-Blütentherapie« und »Das Heilgeheimnis der Bach-Blüten«, beide im Heyne Verlag; Stefan Ball: »Bach-Blüten – Das umfassende Praxisbuch«, Heyne Verlag; Dr. Edward Bach: »Gesammelte Werke«, Aquamarin Verlag; Dr. med. Götz Blome: »Das neue Bach-Blüten-Buch«, Bauer Verlag. Dr. Edward Bach Centre, Himmelstraße 9, 22299 Hamburg, Tel.: 0 40/4 31 87 80, Fax: 0 40/4 32 26 35.
**Baunscheidtverfahren:** G. Kirchner: »Baunscheidt – Akupunktur des Westens«, Ariston Verlag; G. Tienes: »Der Baunscheidtismus«, Hippokrates Verlag.
**Bewegungstraining:** Dr. Edwin Flatto: »Gesund durch Bewegungstraining«, Waldthausen Verlag; H. Petzold: »Integrative Bewegungstherapie«, Junfermann Verlag.
**Bioakustik:** Ausbildungen zum Bioakustiker im Johanniterhof, W. Maiworm,

Stumpenstr. 1, 78052 Obereschach, Tel.: 0 77 21/6 33 15, Fax: 0 77 21/7 43 06; Auskunft erteilt auch der BIO Ritter Verlag, Tutzing, Tel.: 0 81 58/80 21, Fax: 0 81 58/71 42, E-Mail: bioritter@aol.com, Internet: www.magazin-bio.de.
**Biochemie:** Dr. Schüßler: »Eine abgekürzte Therapie«, Rohm Verlag; Surya: »Homöopathie, Isopathie, Biochemie, Satrochemie und Elektrohomöopathie«, Rohm Verlag; Hans Wagner: »Rundum gesund mit Schüßler-Salzen«, Südwest Verlag; Monika Helmke Hausen: »Lebensquell Schüßersalze«, Hermann Bauer Verlag. Kontaktadresse: Biochemischer Bund Deutschlands e. V., In der Kuhtrift 18, 41541 Dormagen, Fax: 0 21 33/73 91 39, E-Mail: biochemie@bbdnet.de, Internet: www.biochemie-net.de.
**Bioenergetik:** A. und L. Lowen: »Bioenergetik für Jeden«, Peter Kirchheim Verlag.
**Bioresonanztherapie:** A. Baklayan: »Parasiten – Die verborgene Ursache vieler Erkrankungen«, Goldmann Verlag; Hulda Regehr Clark: »Heilung ist möglich«, Droemer Knaur Verlag; B. Köhler: »Biophysikalische Informationstherapie«, Gustav Fischer Verlag. Internationale Ärztegesellschaft für Biophysikalische Informationstherapie (BIT), Sandstraße 19, 79104 Freiburg, Tel.: 07 61/5 33 80, Fax: 07 61/5 75 22, Internet: www.bit-org.de; Vedasan Vertriebs GmbH für Bücher und Naturprodukte, Postfach 12 40, 65302 Bad Schwalbach, Tel.: 01 80/5 25 83 56, Fax: 0 61 28/4 10 98; Österreichische Ärztegesellschaft für Biophysik. Informations-Therapie, Schulstraße 17, A-2871 Zöbern, Tel.: 00 43/26 42/87 50, Fax: 00 43/26 42/87 50 13.
**Bioresonanz-Zapper für den Heimgebrauch:** Digezapper der Firma Helmle Med, Kazmairstr. 49, 80339 München, Tel.: 0 89/26 56 35, Fax: 0 89/23 26 97 68.
**Biorhythmus:** Hugo Max Gross: »Biorhythmik – Das Auf und Ab unserer Lebenskraft«, Hermann Bauer Verlag.
**Blumenbilder:** Tita Heydecker, Künstlergemeinschaft Hallbergmoos, Schlossgut Erching, Seiboldhaus 4, 85399 Hallbergmoos, Tel.: 08 11/12 95. Acryl auf Leinwand, Bildformat: 25 x 25 cm.
**Blutegeltherapie:** U. Abele, E. W. Stiefvater: »Ascher-Fibel«; I. Müller: »Blutegeltherapie«, beides Haug Verlag.
**CanthCanthsaridenpflaster:** Abele: »Propädeutik der Humoraltherapie«, Haug Verlag.
**Chinesische Medizin:** Siehe »Akupunktur«.
**Chiropraktik:** Eder/Tilscher: »Chirotherapie«, Hippokrates Verlag; G. Fleming: »Die Dorn Methode«, Aurum Verlag. Arbeitsgemeinschaft für Chiropraktik, Osteopathie und Neuraltherapie, Wartburgstr. 52, 10832 Berlin; Dr. Jean-Pierre Cordey, Waisenhausplatz 10, CH-3011 Bern, Tel.: 00 41/31/ 3 28 22 33,

Fax: 00 41/31/3 28 22 20, E-MaiL: cordey@chiropraktik.ch; Schweizerische Chiropraktoren-Gesellschaft, Sulgenauweg 38, CH-3007 Bern, Tel.: 00 41/31/ 3 71 03 01, Fax: 00 41/31/3 72 26 54, E-Mail: scgasc@swissonline.ch.

**Darmgesundheit:** H. Rieth: »Mykosen, Anti-Pilz-Diät«, notamed Verlag. Arbeitskreis für Mikrobiologische Therapie e. V., Kornmarkt 2, 35726 Herborn; Gesellschaft für Biologische Krebsabwehr e. V., Hauptstraße 44, 69117 Heidelberg, Tel.: 0 62 21/13 80 20, Fax: 0 62 21/1 38 02 20.

**Darmreinigung:** »Das große Buch der Darmreinigung«, BIO Ritter Verlag, Monatshauser Str. 8, 82327 Tutzing, Tel.: 0 81 58/80 21, Fax: 0 81 58/71 42.

**Diät:** Dr. med. Dörten Wolff: »Die revolutionäre Impuls-Diät – Schlank werden mit Appetit«, Mosaik Verlag.

**Dorn-Methode (Chiropraktik):** Herr Günther Gross (Leiter der Dorn-Seminare), Tel.: 0 75 20/92 31 95; Praxis Dieter Dorn, Tel.: 0 83 94/2 15 (nach einem Behandler in Ihrer Nähe fragen).

**Eigenbluttherapie:** V. Höveler: »Eigenbluttherapie«, Haug Verlag; H. Krebs: »Eigenbluttherapie«, Gustav Fischer Verlag.

**Elektroakupunktur:** Internationale medizinische Gesellschaft für Elektroakupunktur nach Voll, Am Sender 3, 47533 Kleve, Tel.: 0 28 21/2 78 33, Fax: 0 28 21/1 36 45.

**Elektrotherapie:** H. Edel: »Fibel der Elektrodiagnostik und Elektrotherapie«, Verlag Gesundheit; O. Gillert: »Elektrotherapie«, Pflaum Verlag; G. Heepen: »Hochfrequenztherapie in der Praxis«, Eigenverlag, Tuttlingen.

**Ernährung:** W. Kollath: »Die Ordnung unserer Nahrung«, Haug Verlag; Ingeborg Münzing-Ruef: »Kursbuch gesunde Ernährung – Die Küche als Apotheke der Natur«, Heyne Verlag; Ingeborg Münzing-Ruef/Stefanie Latzin: »Gesund mit der Kreta-Diät – Das Ernährungsgeheimnis für ein langes Leben«, Heyne Verlag; Leitzmann/Keller/Hahn: »Alternative Ernährungsformen«, Hippokrates Verlag; Koerber/Männle/Leitzmann: »Vollwert-Ernährung«, Haug-Hüthig Verlag. Deutsche Gesellschaft für Ernährung e. V., Im Vogelsgesang 40, 60488 Frankfurt, Tel.: 0 69/9 76 80 30, Fax: 0 69/97 68 03 99, Internet: www.dge.de; Eden-Stiftung zur Förderung naturnaher Lebenshaltung, Wiesbadener Weg 1, 65812 Bad Soden, Tel.: 0 61 96/64 33 40, Fax: 0 61 96/64 20 87; Schweizerische Vereinigung für Ernährung, Effingerstr. 2, Postfach 83 33, CH-3001 Bern, Tel.: 00 41/31/3 85 00 00, Fax: 00 41/31/3 85 00 05, E-Mail: info@sve.org, Internet: www.sve.org.

**Familienaufstellung:** Bei »Brennpunkt Neue Erde«, Frau Margit Hoffmann, erhalten Sie Adressen für eine Familienaufstellung in Ihrer Nähe, Tel.: 0 61 28/ 93 40 60, Fax: 0 61 28/93 40 62. Familienaufstellung bei Erbkrankheiten:

Dr. Baitinger, Am Stadtpark 95, 90408 Nürnberg, Tel.: 09 11/3 65 18 31, Fax: 0 9 11/35 92 99, E-Mail: regionalgruppe@baitinger-therapie.de; Weserbergland-Klinik, Dr. Arnold, Tel.: 0 52 71/98 23 21.

**Farbtherapie:** Christa Muths: »Farb-Therapie. Mit Farben heilen – der sanfte Weg zur Gesundheit«, Heyne Verlag.

**Feng Shui:** Chao-Hsui Chen: »Feng Shui – Gesund und glücklich wohnen in Buddhas Haus und Garten«, »Feng Shui für Schönheit und Wohlbefinden« und »Body Feng Shui – Die Botschaften des Körpers entschlüsseln«, alle im Heyne Verlag; Lam Kam Chuen: »Das Feng Shui Handbuch – Wie Sie Ihre Wohn- und Arbeitssituation verbessern«, Joy Verlag; Ulrike und Joachim Prinz: »Das Feng-Shui-Kochbuch«, Heyne Verlag; Sarah Bartlett: »Feng Shui der Liebe«, Heyne Verlag. Feng-Shui-Artikel: Magic Discount, Fax: 0 89/3 56 63 62 61, E-Mail: Magicdiscount@gmx.de.; Methusalem, Max-Eyth-Str. 39, 89231 Neu-Ulm, Tel.: 07 31/9 70 28 17, Fax: 07 31/9 70 28 18, E-Mail: methusalem-verlag@t-online.de.

**Fitness:** Alexander-Technik e. V. (GLAT), Guntramstraße 11, Freiburg; Buchtipp: F. M. Alexander: »Der Gebrauch des Selbst«, Kösel Verlag; »Die 7 Lotusblüten, Die Verjüngungsübungen vom Dach der Welt«, Nymphenburger, Herbig Verlagsbuchhandlung; »Die Fünf Tibeter«, Einführung von Chris Criscom, Integral; Interesse für Eutonie? Internet: www.eutonie.com; Buchtipp Feldenkrais: Anna Triebel-Thoma »Feldenkrais«, Gräfe & Unzer Verlag, 1989; Buchtipp ZaZen: Joe Hyams: »Der Weg der leeren Hand«, Zen in den Kampfkünsten, Knaur-Esoterik.

**Fußdiagnose/Fußreflexzonen:** Christa Muth: »Heilen durch Reflexzonentherapie«, Heyne Verlag; Avi Grinberg: »Fuß-Diagnose. Die Füße – Spiegel der Seele. Ein praktisches Arbeitsbuch«, Goldmann Verlag; Marquardt: »Lehrbuch der Reflexzonentherapie am Fuß«, Hippokrates Verlag.

**Galvanotherapie:** Weserbergland-Klinik Dr. Arnold, Tel.: 0 52 71/98 23 20; Herbert Sand, Lessingstr. 14, 73230 Kirchheim-Ötlingen, Tel.: 0 70 21/64 50; Informationen zur Galvano-Therapie erhalten Sie auch vom BIO Ritter Verlag, Monatshauser Straße 8, 82327 Tutzing, Tel.: 0 81 58/80 21, Fax: 0 81 58/71 42, E-Mail: bioritter@aol.com.

**Ganzheitliche Medizin:** Bernd Dost: »Heilung durch ganzheitliche Medizin«, Goldmann Verlag; »Die neuen Heiler – Wo Kranke wirklich Hilfe finden«, ISBN 3-7766-2096-X. Münchner Modellprojekt zur Integration von Naturheilverfahren, Kaiserstr. 9, 80801 München, Tel.: 0 89/33 04 10 40, Fax: 0 89/39 34 84; Verein für erweitertes Heilwesen e. V., Johannes-Kepler-Str. 56–58, 75347 Bad Liebenzell, Tel.: 0 70 52/20 34, Fax: 0 70 52/41 07; Zeitschrift für Körper,

Geist und Seele: BIO Ritter Verlag, Monatshauser Str. 8, 82327 Tutzing, Tel.: 0 81 58/80 21, Fax: 0 81 58/71 42, E-Mail: bioritter@aol.com.

**Geistiges Heilen:** Dr. Harald Wiesendanger: »Geistheiler – Der Ratgeber«, LEA Verlag, Internet: www.psi-infos.de; Rudolf Passian: »Abenteuer PSI«, Reichl Verlag; Dagny und Imre Kerner: »Heilen – Vom Umgang mit Geistheilern«, Heyne Verlag; W. Schiebeler: »Paranormale Heilmethoden auf den Philippinen«, Passat Verlag; W. Veldung: »Geist-Chirurgie in Bewusstsein und Heilung«, Passat Verlag. Der Arbeitskreis Radionik und Schwingungsmedizin e. V., Waldstr. 20, 23611 Bad Schwartau, Tel./Fax: 04 51/28 11 84 führt im Rahmen seiner Forschung »Wie Heilung geschieht« ein Pilotprojekt durch; Dachverband Geistiges Heilen e. V., Steigerweg 55, 69115 Heidelberg, Internet: www.dgh-ev.de.

**Grafologie:** Alfons Lüke: »Grafologie für Einsteiger« und »Das große Handbuch der Grafologie«, beides im Ariston Verlag; Marie Bernard: »Sex und Handschrift«, Seehamer Verlag; weitere Informationen erhalten Sie auch vom BIO Leserservice, Monatshauser Str. 8, 82327 Tutzing, Tel.: 0 81 58/80 21, Fax: 0 81 58/71 42, E-Mail: bioritter@aol.com.

**Heilfasten:** O. Buchinger: »Das Heilfasten und seine Hilfsmethoden als biologischer Weg«, Hippokrates Verlag; Brigitte Neusiedl: »Heilfasten – Harmonie von Körper, Geist und Seele«, Heyne Verlag; H. Lützner: »Wie neugeboren durch Fasten«, Gräfe und Unzer Verlag. Ärztegesellschaft für Heilfasten und Ernährung, Säntisstraße 82, 88662 Überlingen, Tel.: 0 75 51/80 78 05, Fax: 0 75 51/6 58 89.

**Heilgebete:** Prof. Berthold A. Mülleneisen: »Heilgebete – Spirituelle Kraft für Körper und Seele«, Herbig Verlag.

**Heilpraktiker:** Die Deutschen Heilpraktiker-Verbände, Danneckerstr. 4, 70182 Stuttgart, Tel.: 07 11/24 29 64, Fax: 07 11/60 42 21.

**Heilsteine:** »Das große Lexikon der Heilsteine, Düfte und Kräuter«, Methusalem Verlag; Gunther Vorreiter: »Die Heilenergie der Edelsteine«, Deutscher Sparbuchverlag; Dr. Flora Peschek-Böhmer: »Heilung durch die Kraft der Steine«, Ludwig Verlag. Versand: Methusalem, Max-Eyth-Str. 39, 89231 Neu-Ulm, Tel.: 07 31/9 70 28 17, Fax: 07 31/9 70 28 18, E-Mail: methusalem-verlag-@t-online.de.

**Hexen:** »Sibyllas Hexenkalender«, Goldmann Verlag; Infos auch unter www.hexen-online-org. Astrologische Hexen-Rituale: Fax: 0 89-5 46 95 68, E-Mail: Anna.Garuda@t-online.de, Internet: www.astro-garuda.de.

**Hildegard-Medizin:** W. Strehlow: »Hildegard-Heilkunde von A bis Z«, Knaur Verlag; Hertzka/Strehlow: »Die Edelsteinmedizin der heiligen Hildegard« und

»Handbuch der Hildegard-Medizin«, beides im Bauer Verlag. Förderkreis Hildegard von Bingen e. V., Nestgasse 2, 78464 Konstanz, Tel.: 0 75 31/3 14 87, Fax: 0 75 31/3 34 03, E-Mail: jura@hildegard.de, Internet: www.hildegard.de.; Bund der Freunde Hildegards e. V., Zentrum, A-5084 Großgmain, Tel.: 00 43/62 47/82 53.

**Holunder:** Astrid Winter »Geheimnisvolle Holunderkraft«, Windpferd Verlag (erhältlich auch über BIO-Versandservice, Tel.: 0 81 58/80 21, Fax: 0 81 58/ 71 42, bioritter@aol.com).

**Homöopathie:** Herbert Fritsche: »Die Erhöhung der Schlange«, Burgdorf Verlag; Stephen Cumming/Dana Ullman: »Das Hausbuch der Homöopathie«, Heyne Verlag; G. Vithoulkas: »Medizin der Zukunft«, Wenderoth Verlag; Herbert Fritsche: »Idee und Wirklichkeit der Homöopathie«, Burgdorf Verlag; Samuel Hahnemann: »Organon der Heilkunst«, Haug Verlag; »Enders Handbuch der Homöopathie«, Haug Verlag. Kontaktadressen: Deutscher Zentralverein homöopathischer Ärzte e. V., Am Hofgarten 5, 53113 Bonn, Tel.: 02 28/ 2 42 53 30, Fax: 0228/2 42 53 31; Bundesverband Patienten für Homöopathie e. V., Burgstraße 20, 37181 Hardegsen, Tel.: 0 55 05/10 70, Fax: 0 55 05/95 96 96, E-Mail: BPH-Mail@t-online.de, Internet: www.bph-online.de; Österreichische Gesellschaft für homöopathische Medizin, Mariahilferstr. 110, A-1070 Wien, Tel.: 00 43/1/5 26 75 75, E-Mail: sekretariat@homoeopathie.at, Internet: www.homoeopathie.at.

**Humoraltherapie:** J. Abele: »Propädeutik der Humoraltherapie«, Haug Verlag.

**Hyperthermie:** M. Heckel: »Ganzkörper-Hyperthermie«; P. Vaupel/W. Krüger: »Wärmetherapie mit wassergefilterter Infrarot-A-Strahlung«, alle im Hippokrates Verlag (in Bibliotheken erhältlich).

**Hypnose:** Bongartz: »Hypnosetherapie«, Hogrefe Verlag; H.-C. Kossak: »Hypnose«, Psychologie Verlags Union. Deutsche Gesellschaft für therapeutische Hypnoseforschung, Kaiserstr. 2 a, 66955 Pirmasens, Tel.: 0 63 31/7 37 74; Milton-Erickson-Gesellschaft f. Klin. Hypnose e. V., Waisenhausstr. 55, 80637 München, Internet: www.meg-hypnose.de

**I Ging:** »I Ging, Text und Materialien«, Diederichs Gelbe Reihe.

**Indianerrituale zum Aufladen der Grundenergie:** Peter Whiteheart: »Fit x Vier, Schwung und Energie durch das geheime Wissen der Indianer«, Smaragd Verlag; Kenneth Meadows: »Die Kraft der Indianer – Praktische Anleitung zum Schamanismus in heutiger Zeit« und »Das Buch des Schamanismus – Der sanfte Weg zu Weisheit, Kraft und innerer Harmonie«, beides im Heyne Verlag.

**Katathyme Imaginationstherapie:** H.-C. Leuner: »Katathym-Imaginative Psychotherapie«, Thieme Verlag.

**Kinesiologie:** Dr. med D. Klinghardt: »Lehrbuch der Psycho-Kinesiologie«, H. Bauer Verlag; A. Ertl: »Kinesiologie – Gesund durch Berühren«, Südwest Verlag; A. Holdway: »Kinesiologie – Der goldene Schlüssel zur Weisheit des Körpers«, Aurum Verlag. Kontaktadressen: Deutsche Gesellschaft für angewandte Kinesiologie, Dietenbacher Str. 22, 79199 Kirchzarten, Tel.: 0 76 61/98 07 56. Dort erhalten Sie Anwenderlisten über praktizierende Kinesiologen in Ihrer Wohnortnähe. Institut für Neurobiologie nach Dr. Klinghardt GmbH, Waldäckerstraße 27, 70435 Stuttgart, Tel.: 07 11/ 8 06 08 70. Augsburg: HP Richard Mayer-Sonnenburg, Loisachstraße 8a, 86179 Augsburg, Tel.: 08 21/88 04 71, Fax: 08 21/81 31 55; Akademie für Angewandte Kinesiologie, Kräuterdorf, A-8362 Söchau, Tel.: 00 43/33 87/ 32 10, Fax: 00 43/33 87/32 12; Schweizerische Gesellschaft für Angewandte Kinesiologie, Rosenbergerstr. 50 a, CH-9000 St. Gallen, Tel.: 00 41/71/ 22 12 66, Fax: 00 41/71/23 81 66.

**Kneipp-Therapie:** Bachmann/Schleinkofer: »Die Kneipp-Wassertherapie«, Trias Verlag; S. Kneipp: »Meine Wasserkur. So sollt ihr leben«, Ehrenwirth Verlag. Kneipp-Bund e. V., Bundesverband für Gesundheitsförderung, Adolf-Scholz-Allee 6, 86825 Bad Wörishofen, Tel.: 0 82 47/3 00 20, Fax: 0 82 47/30 02 99.

**Kolloidales Silber:** Helmle Med, Kazmairstraße 40, 80339 München, Tel.: 0 89/ 26 56 35, Fax: 0 89/23 26 97 68 (natürliches Antibiotika).

**Kosmische Bestellungen:** Bärbel Mohr: »Bestellungen beim Universum«, Omega Verlag.

**Kraniosakrale Osteopathie:** I. Hartmann: »Lehrbuch der Osteopathie«, Pflaum Verlag, und »Lehrbuch der Kraniosakraltherapie«, Haug Verlag.

**Kräuterheilkunde:** Eva Aschenbrenner: »Der Wildkräutergang«, SMV Verlag; Anita Höhne: »Medizin am Wegesrand – Die Heilkraft der Kräuterküche«, Heyne Verlag.

**Kräutertraumkissen:** Atlantis Magic Discount, Postfach 14 22, 83604 Holzkirchen, Fax: 0 89/5 46 95 68, E-Mail: Magicdiscount@gmx.de.

**Krebsabwehr:** Beyersdorff: »Biologische Wege zur Krebsabwehr«, Haug Verlag. Gesellschaft für Biologische Krebsabwehr (Kontaktstelle Heidelberg, Tel.: 0 62 21/13 80 20; Berlin, Tel.: 0 30/3 42 50 41; Düsseldorf, Tel.: 02 11/24 12 19; Hamburg, Tel.: 0 40/6 40 46 27; München, Tel.: 0 89/26 86 90).

**Lapacho-Tee:** Gibt es in guten Teeläden, Naturkostläden und im Reformhaus.

**Lasertherapie:** Danhof: »Lasertherapie in der Allgemeinmedizin«, WBV Verlag; J. Elias: »Laserakupunktur«, Aescura im Urban & Fischer Verlag.

**Lymphdrainage:** Gesellschaft für Manuelle Lymphdrainage nach Dr. Vodder, Kronengasse 3, 89073 Ulm.

**Magische Öle:** Gibt es bei Atlantis Magic Discount, Postfach 14 22, 83604 Holzkirchen, Fax: 0 89/5 46 95 68; E-Mail: Magicdiscount@gmx.de.

**Magnetfeldtherapie:** D. Hachenberg: »Therapie mit statischen Magnetfeldern« in »Erfahrungsheilkunde«; W. Ludwig: »Magnetfeldtherapie« in »Dokumentation der besonderen Therapien«. Arbeitskreis Biophysik und Magnetfeldtherapie, Hauptstraße 179, 67473 Lindenberg/Pfalz, Tel.: 0 63 25/29 22; Info Magnetfeld-Matten für Privat Fax: 089/5 46 95 68.

**Manuelle Therapien:** D. Heimann: »Leitfaden Manuelle Medizin«, G. Fischer Verlag; Gerda Flemming: »Die Dorn-Methode«, ISBN 3-591-08407-7. Dorn-Seminare über Günther Gross, Tel.: 0 75 20/92 31 95.

**Massage:** Richard Gordon: »Deine heilenden Hände – Eine Anleitung zur Polarity-Massage«, Heyne Verlag. Internat. Massage-Akademie des Weltverbandes der Masseure und Gesundheitstherapeuten, Schußwallgasse 1/10, A-1050 Wien, Tel. und Fax: 00 43/1/5 48 26 29, E-Mail: office@weltverband.com, Internet: www.weltverband.com.

**Mayr-Kur:** E. Rauch: »Die Darmreinigung nach F. X. Mayr«, und »Die Diagnostik nach F. X. Mayr«, beides im Haug Verlag. Mayr-Kur-Verein, Hauptstraße 34, 88179 Oberreute, Tel.: 08 83 87/12 33; Gesellschaft der Mayr-Ärzte e. V., Gesundheitszentrum am Wörther See, A-9082 Maria Wörth-Dellach, Tel.: 00 43/42 73/25 11.

**Meditation:** Drs. Schachinger/Schrott: »Gesundheit aus dem Selbst: Transzendentale Meditation«, ISBN 3-933496-42-X; Gottwald/Howald: »Selbsthilfe durch Meditation«, MVG.

**Mikrobiologische Therapien:** M. Martin: »Leitfaden der mikrobiologischen Therapie«, Ralf Reglin Verlag. Arbeitsgemeinschaft für Mikrobiologische Therapie, Am Deutschherrnberg 19, 35578 Wetzlar, Tel.: 0 64 41/4 53 73.

**Moxibustion:** Auteroche: »Übungen zur Akupunktur und Moxibustion«, Hippokrates Verlag; Wühr: »Chinesische Akupunktur und Moxibustion«, Verlag für Ganzheitliche Medizin.

**Naturheilkunde:** Dr. Schmiedel/Dr. Augustin: »Handbuch Naturheilkunde«, Haug Verlag; A. Höhne/Dr. med. L. Hochenegg: »Kursbuch Naturheilkunde«, Heyne Verlag; Bierbach: »Naturheilpraxis Heute«, Urban & Fischer Verlag. Deutscher Naturheilbund, Kreuzbergstr. 45, 74564 Crailsheim, Tel.: 0 79 51/55 04, Fax: 0 79 51/4 46 54; Münchner Modellprojekt zur Integration von Naturheilverfahren, Kaiserstr. 9, 80801 München, Tel.: 0 89/3 30 410 40, Fax: 0 89/39 34 84; Eine achtseitige Broschüre »Heilen mit der Natur« ist bei der Verbraucher Initiative, Elsenstr. 106, 12435 Berlin zu erhalten, Internet: www.verbraucher.org.

**Neuraltherapie:** Dosch: »Lehrbuch der Neuraltherapie nach Huneke«, Haug Verlag; Badtke/Mudra: »Neuraltherapie«, Ullstein Mosby Verlag.

**Noni-Saft:** »Fit und vital mit der Kahuna-Zauberfrucht Noni«, Windpferd Verlag. Noni-Saft auch über Brigitte Versand, Johannesstraße 118, 73614 Schorndorf, Tel.: 0 71 81/7 32 92, Fax: 0 71 81/7 50 33, E-Mail: Brigitte-Versand@t-online.de, oder bei der Firma Helmle Med, Kazmairstr. 49, 80339 München, Tel.: 0 89/26 56 35, Fax: 0 89/23 26 97 68.

**Ölsaugen/Ölkur:** Norbert Messing: »Gesund und fit durch Ölsaugen«, BIO Ritter Verlag Tutzing, Tel.: 0 81 58/80 21, Fax: 0 81 58/71 42, E-Mail: bioritter@aol.com.

**Orgontherapie:** Wilhelm Reich: »Die Entdeckung des Orgons I«, Kiepenheuer & Witsch Verlag; Herskowitz: »Emotionale Panzerung«, Lit Verlag; »Psychiatrische Orgontherapie« in »Lebensenergie«, Zeitschrift für Orgonomie, 1-5/1995; James De Meo: »Der Orgonakkumulator – Ein Handbuch«, 2001 Verlag; »Orgon-Energie«, Granit Verlag. Wilhelm Reich Institut für Interdisziplinäre Therapie und Beratung e. V., Dr. med. D. und M. Fuckert, Im Bräunlesrot 20, 69429 Waldbrunn, Tel.: 0 62 74/92 93 77, Fax: 0 62 74/53 45, E-Mail: praxis@fuckert.de, Internet: www.fuckert.de; Verein zur Förderung der Orgonenergie (VFO), Dürerstraße 10, 68542 Heddesheim, Tel.: 0 62 03/49 41 55; Bioaktiv GmbH, Am Neugraben 10, 91598 Colmberg, Tel.: 0 98 03/91 11-0, Fax: 0 98 03/3 09, Hersteller des Orgonstrahlers von Arno Herbert.

**Orthomolekulare Therapie:** Dr. Lothar Bugerstein: »Heilwirkung von Nährstoffen«, Haug Verlag; Earl Mindell: »Die Nährstoff-Bibel – Handbuch der Nahrungsergänzungsmittel«, Heyne Verlag; »Vitamine, Mineralstoffe, Spurenelemente in Medizin, Ernährung und Umwelt«, Periodicum, Hippokrates Verlag, erscheint viermal jährlich; C. C. Pfeiffer: »Nährstoff-Therapie bei psychischen Störungen«, Haug Verlag. Burgerstein-Produkte gibt es in vielen Apotheken oder Sie fragen bei der Firma Switamin nach Bezugsquellen: Tel.: 00 41/1/7 71 77 11 oder Fax: 00 41/1/7 15 35 11, E-Mail: Info@switamin.com; Forschungskreis für Molekulartherapie nach Koch, Bruno-Lauenroth-Weg 31, 22417 Hamburg, Tel.: 0 40/5 20 05 51, Fax: 0 40/5 20 33 10; Stiftung zur Internationalen Förderung der Orthomolekularen Medizin, Postfach, CH-8640 Rapperswil, Tel.: 00 41/55/27 72 91.

**Oxithermie:** M. Heckel: »Ganzkörper-Hyperthermie«, P. Vaupel/W. Krüger: »Wärmetherapie mit wassergefilterter Infrarot-A-Strahlung«, alle im Hippokrates Verlag (in Bibliotheken erhältlich).

**Parasiten:** Hulda Regehr Clark: »Heilung ist möglich«, Knaur Verlag; Baklayan: »Parasiten, die verborgene Ursache vieler Erkrankungen«, Goldmann Verlag, siehe auch »Darmgesundheit«.

**Phytotherapie:** Fischer/Krug: »Heilpflanzen und Arneipflanzen«, Haug Hüthig Verlag; Weiss/Fintelmann: »Lehrbuch der Phytotherapie«, Hippokrates Verlag; Wenigmann: »Phytotherapie«, Aescura im Verlag Urban & Fischer.
**Power-(Buddha-)Armbänder:** Sind im esoterischen Fachhandel erhältlich, aber auch bei der Firma Methusalem (siehe Heilsteine) oder der Firma Magic Discount, Fax: 0 89/3 56 63 62 61 und Fax: 0 89/5 46 95 68, siehe »Amulette«.
**Psycho-Training:** G. Ritter: »Psycho-Training – Das kleine Buch vom glücklichen Leben«, BIO Ritter Verlag, 82327 Tutzing, ISBN 3-920788-39-7.
**Pyramiden:** Rudi Ph. Weilmünster: »Praxis der Pyramidenenergie«, E-Mail: info@rudiphweilmuenster.de, Internet: www.rudiphweilmuenster.de. Pyramiden gibt es in großer Auswahl im esoterischen Fachhandel oder bei Magic Discount, Fax: 0 89/3 56 63 62 61, Magicdiscount@gmx.de.
**Qi Gong:** Ute Engelhardt: »Die klassische Tradition der Qi-Übungen (Qigong)«, MLV Verlag; Liu Quingshan: »Qi Gong«, Hugendubel Verlag; Ulli Olvedi: »Das Stille Qi Gong«, Heyne Verlag. Kurse über Qi Gong bietet fortlaufend die SMS (Adresse siehe Akupunktur); Akuna Gesellschaft für Klassische Chinesische Medizin und Alternativmedizin, Deutsches Akupunkturzentrum, Zu den Kuranlagen 1, 69429 Waldbrunn, Tel.: 0 62 74/68 34, Fax: 0 62 74/68 39; Forschungsinstitut für Chinesische Medizin e. V., Silberbachstr. 10, 79100 Freiburg, Tel.: 07 61/7 72 34.
**Räucherwaren/-stäbchen:** Gibt es im esoterischen Fachhandel oder bei Magic Discount, Postfach 14 22, 83604 Holzkirchen, Fax: 0 89/5 46 95 68, E-Mail: Magicdiscount@gmx.de.
**Reiki:** U. M. Klemm: »Reiki – das Handbuch für die Praxis«, Heyne Verlag. Reiki-Center, Gesellschaft für esoterische Schulung, Altvaterstr. 2, 14129 Berlin, Tel.: 0 30/8 03 18 24.
**Reisen:** »Verträglich Reisen«, Postfach 40 19 03, 80719 München, Tel.: 0 89/3 08 81 28, Fax: 0 89/3 08 81 18, E-Mail: info@vertraeglich-reisen.de oder Internet: www.vertraeglich-reisen.de.
**Roiboos-Tee:** Gibt es in guten Teeläden und Reformhäusern.
**Rolfing:** Peter Schwind: »Alles im Lot: Rolfing. Der Weg zu körperlichem und seelischem Gleichgewicht«, Goldmann Verlag; H.-G. Brecklinghaus: »Rolfing – Was es kann, wie es wirkt und wem es hilft«, Lebenshaus Verlag; Ida Rolf: »Rolfing – Strukturelle Integration«, Hugendubel Verlag; Ida Rolf: »Rolfing im Überblick, Physische Wirklichkeit und der Weg zu körperlicher Balance«, Junfermann Verlag. European Rolfing Association e. V., Kapuzinerstr. 25, 80337 München, Tel.: 0 89/54 37 09 40, Fax: 0 89/54 37 09 42, E-Mail: rolfing-

europe@compuserve.com, Internet: www.rolfing.org; Geschäftsstelle i. d. Schweiz Tel.: 00 41/8 78/80 01 30, und E-Mail: info@rolfing.ch, zu erreichen.

**Sauerstoff- und Ozontherapie:** M. Almeling & W. Welslau: »Grundlagen der hyperbaren Sauerstofftherapie«, Archimedes Verlags-GmbH; Rilling/Viebahn: »Praxis der Ozon-Sauerstoff-Therapie«, Fischer Verlag; Stadtlaender: »HOT«, Haug Verlag. Ardenne-Institut für Angewandte Medizinische Forschung, Zeppelinstr. 7, 01324 Dresden, Tel.: 03 51/2 63 74 00, Fax: 03 51/2 63 74 44; Hyperbares Sauerstoffzentrum GmbH, Karlstraße 42, 80333 München, Tel.: 0 89/ 54 82 31 22, Fax: 0 89/54 82 31 50, E-Mail: HBOZentrum@aol.com, oder Internet: www.HBOZentrum.de.

**Schröpfen:** J. Abele: »Das Schröpfen«, erschienen im Gustav Fischer Verlag.

**Selbstbewusstsein:** Peter Lauster: »Selbstbewusstsein«, Econ Verlag.

**Selbsthilfegruppen:** »Wegweiser Selbsthilfegruppen« im Psychosozial Verlag, Friedrichstr. 35, 35392 Gießen, Tel.: 04 61/7 78 19.

**Shiatsu:** W. Rappenecker: »Shiatsu für Anfänger«, Goldmann Verlag; Shiatsu für Fortgeschrittene: Jarmey/Mojay: »Das Große Shiatsu Handbuch«, Barth Verlag; Saul Goodman: »Shiatsu – Ein praktisches Handbuch«, Heyne Verlag; Paul Lundberg: »Die Heilende Kraft des Shiatsu«, Mosaik Verlag, Shizuto Masunaga: »Das Große Buch der Heilung durch Shiatsu«, Scherz Verlag. Gesellschaft für Shiatsu in Deutschland, Winterfeldtstraße 97, 10777 Berlin, Tel.: 0 30/2 18 27 03, Fax: 0 30/2 17 71 50 (Auskunft über Shiatsu-Schulen).

**Spagyrische Heilweisen:** Ch. und D. Casagrande: »Spagyrik – Paracelsus-Medizin im Alltag«, Ludwig Verlag; Fritschi: »Spagyrik«, Gustav Fischer Verlag; Heinz: »Spagyrik – die medizinische Alternative«, Bauer Verlag. Laboratorium Soluna, Heilmittel GmbH, Artur-Proeller-Straße 9, 86609 Donauwörth, Tel.: 09 06/70 60 60, Fax: 09 06/7 06 06 78, E-Mail: info@Soluna.de, Internet: www.Soluna.de (auch über spagyrische Kosmetikprodukte).

**Spirulina:** Marianne E. Meyer: »Spirulina - Das blaugrüne Wunder«, Windpferd Verlag, auch erhältlich bei BIO Ritter Verlag, Monatshauser Str. 8, 82327 Tutzing, Tel.: 0 81 58/80 21, Fax: 0 81 58/71 42, E-Mail: bioritter@aol.com.

**Stimmfrequenz-Therapie:** Ausbildungen zum Bio-Akustiker im Johanniterhof, W. Maiworm, Stumpenstr. 1, 78052 Obereschach, Tel.: 0 77 21/6 33 15, Fax: 0 77 21/7 43 06. Auskunft erteilt auch der BIO Ritter Verlag, Tutzing, Tel.: 0 81 58/80 21, Fax: 0 81 58/71 42, E-Mail: bioritter@aol.com; Internet: www.magazin-bio.de.

**Suggestion:** C. Baudouin: »Suggestion und Autosuggestion«, Basel; Bürgin: »Konzentratives Bewusstseinstraining zur Anregung der Selbstheilungskräfte«, Erfahrungsheilkunde 4/91.

**Tai-Chi:** Al Huang: »Lebensschwung durch Taichi«, O. W. Barth Verlag; Frieder Anders: »Taichi – Chinas lebendige Weisheit«, Heyne Verlag; Toyo und Petra Kobayashi: »Tai Chi Chuan«, Hugendubel Verlag; Robert Parry: »Taiji – Das Handbuch zum Erlernen der Übungen«, Heyne Verlag; Ute Engelhardt: »Theorie und Technik des Taiji Quan«, WBV Biologisch-Medizinische Verlags-GmbH. Kurse in Tai-Chi bietet fortlaufend die SMS, Adresse siehe »Akupunktur«, weitere Adressen siehe »Qi-Gong«.
**Tantra:** Ashley Thirleby: »Das Tantra der Liebe« und »Tantra-Reigen der vollkommenen Lust«, beides Scherz Verlag.
**Tarot:** Gute Tarotbücher und -karten gibt es im esoterischen Fachhandel oder bei Magic Discount, Fax: 0 89/3 56 63 62 61 und Fax: 0 89/5 46 95 68, E-Mail: Magicdiscount@gmx.de.
**Thermalbäder:** Therme Bad Endorf, Rathaus, Bahnhofstraße 6, 83093 Bad Endorf, Tel.: 0 80 53/30 08 22 und Fax: 0 80 53/30 08 30; Chiemgau-Thermen, Ströbinger Straße 18, 83093 Bad Endorf, Tel.: 0 80 53/20 09-0, Fax: 0 80 53/34 00, Internet: www.chiemgau-thermen.de.
**Tibetische Heilkunst:** Franz Reichle: »Das Wissen vom Heilen, Tibetische Medizin«, Haupt Verlag; N. Qusar, Robert Sachs: »Tibetisches Ayurveda«, Heyne Verlag; J. C. Sergent: »Tibetische Medizin und Ernährung«, Knaur Verlag; Egbert Asshauer: »Tibets sanfte Medizin«, Herder Verlag. Infos über Tibetische Rezepturen: Padma AG, Wiesenstraße 5, CH-8603 Schwerzenbach.
**Tierkreiszeichen-Bilder:** Konrad Dördelmann, Künstlergemeinschaft Hallbergmoos, Schlossgut Erching, Seiboldhaus 4, 85399 Hallbergmoos, Tel.: 08 11/12 95, und Preinerszeller Str. 4, 85301 Schweitenkirchen, Tel.: 0 84 44/74 73. Handkolorierte Radierungen aller zwölf Tierkreiszeichen, Bildformat: 20 x 15 cm, Papierformat: ca. 39,5 x 26,5 cm, Handabzug auf 300-g-Hahnemühle-Bütten-Kupferdruckkarton. Jedem Bild ist eine 18-seitige Schrift »Erklärungen zur Symbolik« beigefügt. Erhältlich auch unter der Internetadresse: www.astrogaruda.de.
**Traumdeutung:** Anna D. Garuda: »Träume – Seelenbotschaften und Zukunftsvisionen«, Goldmann Verlag; Anna D. Garuda: »Das Erotische Traumbuch«, Droemer Knaur Verlag.
**Tuina-Massage:** A. Meng: »Lehrbuch der Tuina-Therapie«, Haug Verlag; Yuanping/Deng: »Quintessenz der Tuina-Behandlung«, Verlag für Ganzheitliche Medizin. Weitere Information siehe unter »Akupunktur«.
**Urintherapie:** Abele/Herz: »Die Eigenharnbehandlung«, Haug Verlag; C. Thomas: »Ein ganz besonderer Saft – Urin«, Vgs.
**Vitalsonnen:** Fa. Weinsberger Solargesellschaft W. Stendel GmbH, Sulm-

straße 9, 74189 Weinsberg, Telefon: 0 71 34/96 15 00, Fax: 0 71 34/1 43 17, E-Mail: weinsberger@t-online.de.

**Wasser:** F. Batmangehelidj: »Heilendes Wasser«, »Wasser, die gesunde Lösung«, VAK Verlag; Karin Schutt: »Wasser – Quelle für Wohlbefinden und Schönheit«, Gräfe und Unzer Verlag; H. Kronberger/S. Lattacher: »Auf der Spur des Wasserrätsels« sowie »Das Grander-Journal«, beide im Uranus Verlag; »Sonnen-Zeitung, Das Magazin für Erneuerbare Energie«, Uranus Verlagsges. m.b.H., Lange Gasse 48/5, A-1080 Wien, Tel.: 00 43/1/4 03 91 11-0, Fax: 00 43/1/4 03 91 11-33, E-Mail: sonnenzeitung@uranus.at, www.uranus.at.

**Yoga:** Erling Petersen: Yoga – Das große Übungsbuch für Anfänger und Fortgeschrittene«, Heyne Verlag; Hans H. Rhyner: »Gesund und schön durch Yoga«, BLV; Susi Rieth: »Yoga-Heilbuch«, Heyne Verlag; L. Frank/U. Ebbers: »Gesundheit und Spannkraft durch YOGA«, Falken Verlag; Kareen Zebroff: »Yoga-Übungen für jeden Tag«, Fischer Verlag. Förderverein für Yoga und Ayurveda e. V., Weidener Straße 3, 81737 München, Tel.: 0 89/6 37 10 12; Schweizer Yogaverband, Seilerstr. 24, CH-3011 Bern, Tel.: 00 41/31/3 82 18 10, Fax: 00 41/32/9 41 50 41, E-Mail: swissyoga@compuserve.com, Internet: www.swissyoga.ch.

**Zahlenmagie:** Anna D. Garuda: »Zahlenmagie – Ihre numerologischen Glückszahlen« und »Lottoglück & Co. – Zehn traumhafte Wege zum Glück im Spiel«.

**Zehensocken:** Erhältlich bei Letz Go, 72379 Hechingen, Tel./Fax: 0 74 71/ 1 61 20, www.zehensocken.de.vu.

**Zeitschrift ASTRO:** fortune + fortune gmbh, Leopoldstr. 17, 80802 München, Fax: 0 89/34 01 90 39.

**Zeitschrift für Erneuerbare Energie:** »Sonnen-Zeitung«, Uranus Verlagsges. m.b.H., Lange Gasse 48/5, A-1080 Wien, Tel.: 00 43/1/4 03 91 11-0, Fax: 00 43/1/4 03 91 11-33.

**Zeitschrift für Körper, Geist und Seele:** BIO – Gesundheit für Körper, Geist und Seele, BIO Ritter Verlag, Monatshauser Str. 8, 82327 Tutzing, Tel.: 0 81 58/ 80 21, Fax: 0 81 58/71 42, E-Mail: bioritter@aol.com.

**Zeitschrift VISIONEN:** Sandila Import-Export Handels GmbH, Sägestraße 37, 79737 Herrischried, Tel.: 0 77 64/9 39 70.

**Zentrum für ganzheitliches Denken:** Fax: 0 89/3 56 63 62 61, E-Mail: Ganzheitszentrum@inetmail.de

## Weitere Bücher und Kontaktadresse der Autorin

»Seelen-Blues – Von Menschen und anderen Wesen. Wahre Geschichten und Erzählungen«, Haag & Herchen Verlag Frankfurt, ISBN 3-86137-392-0.
Dieses Buch erzählt die ganz unterschiedlichen Geschichten von Menschen und Tieren und deren innerem Geschehen: Empfindungen, Ahnungen, seelische Schwingungen, Sehnsüchte, Ängste, Träume, Visionen und vieles mehr. In liebevoller Erzählkunst führt uns die Autorin auf geheimnisvollen Pfaden in menschliche und tierische Seelenlandschaften und lässt unsere eigene Seele in diesen Empfindungen baumeln!

»Träume – Seelenbotschaften und Zukunftsvisionen. Das große Traumdeutungs-Lexikon«, Goldmann Verlag, München, ISBN 3-442-21528-5.
Die Traumexpertin regt dazu an, den Träumen auf die Spur zu kommen und ihre tiefe Botschaft zu verstehen. Traummotive und Traumgeschehen werden in dreifacher Hinsicht gedeutet: als tiefenpsychologische Aussage, als visionäre Botschaft im Hinblick auf zukünftige Ereignisse und als Symbol. Dieses umfassende Lexikon bietet differenzierte, jedoch gut verständliche Erläuterungen. Es eröffnet Ihnen einen leichten Einstieg in die Kunst der Traumdeutung!

»Der große Astrokalender – Jahres-, Monats- und Tagesprognose für alle Tierkreiszeichen«, Goldmann Verlag, München, ISBN 3-442-30842-9.
In diesem Buch erhalten Sie eine fundierte astrologische Zukunftsschau für jeden Monat des Jahres. Der große Astro-Kalender verrät Ihnen, was Sie in Beruf, Gesundheit, Finanzen sowie Liebe und Freundschaft erwartet. Zusätzlich finden Sie eine tabellarische Darstellung der günstigen Zeiten beziehungsweise negativen Einflüsse, eine ausführliche Allgemeincharakteristik der zwölf Tierkreiszeichen, die Vorstellung berühmter Persönlichkeiten, die großen Transite eines Jahres und allerlei Informationen zu Hobbys, günstigen Farben, Heilpflanzen, Edelsteinen und vielem mehr!

»Das erotische Traumlexikon«, Droemer Knaur Verlag, München, ISBN 3-426-77531-X.
Entdecken Sie die sinnlichen Botschaften Ihrer Träume: Das erotische Träume-Lexikon von A bis Z; praktische Traumdeutungsbesipiele; die erotischen Göttinnen und Götter in uns! Welche erotischen oder romantischen Liebesbotschaften sind in unseren Traumsymbolen verborgen? Das erste erotische

Traumlexikon, das rund 300 Traumsymbole und -motive nach tiefenpsychologischen Aussagen entschlüsselt und deutet und dabei berücksichtigt, ob der Träumende eine Frau oder ein Mann ist.

»Lottoglück & Co. – Zehn traumhafte Wege zum Glück im Spiel«, ISBN 3-8311-0625-8.
In diesem Buch erfährt der Leser die tiefsten Geheimnisse der Geisteswissenschaften. Dank des »Königswegs« oder des »Prinzenwegs« kann der Leser sein Glück im Spiel bewusst aktivieren. Die wichtigsten Kenntnisse der Astrologie, der Numerologie, der Magie, der Psychologie, der Traumdeutung und viele zusätzliche Hilfsmittel oder Rituale ermöglichen es ihm, aktiv und fröhlich an seiner Lebensverbesserung (materiell, seelisch und geistig) mitzuwirken!

»Zahlenmagie – Ihre numerologischen Glückszahlen«, ISBN 3-8311-1986-4.
Dieses Buch ist für jene Menschen geschrieben, die ihr spirituelles Wissen auf leicht verständliche Weise erweitern wollen. Aber auch für jene, die die positive Energie und Kraftquelle der Zahlenmagie für eine aktive Lebensverbesserung und für lohnende Ziele umsetzen möchten. Für jeden erlernbar wird die magische Kraft der chaldäisch-kabbalistischen Numerologie aufgezeigt und die geistige Verwandtschaft mit Astrologie und Magie erklärt. Zahlreiche Tipps zur persönlichen Lebensverbesserung und gezielten Aktivierung spezieller Lebensbereiche runden diese Erkenntnisse ab!

*Alle Bücher sind im (Internet-)Buchhandel erhältlich oder direkt bei der Autorin handsigniert zu bestellen!*

**Kontaktadresse**

Anna D. Garuda
Fax: 0 89/5 46 95 68
E-Mail: Anna.Garuda@t-online.de
Internetadresse: www.astro-garuda.de